该书为山东省"十四五"规划重点课题《中小学劳动教育集团的推进与实践研究》研究成果

"陶"趣横生

主　编：聂麦花

副主编：张　铮　刘　辉

　　　　刘祥武　张　涌

中国青年出版社

图书在版编目（CIP）数据

"陶"趣横生 / 聂麦花主编；刘辉，张铮，刘祥武副主编 . —北京：中国青年出版社，2024.6

（新时代劳动教育指导丛书）

ISBN 978-7-5153-7318-8

Ⅰ . ①陶… Ⅱ . ①聂… ②刘… ③张… ④刘… Ⅲ . ①劳动课－小学－教学参考资料

Ⅳ . ① G624.93

中国国家版本馆 CIP 数据核字（2024）第 100684 号

"陶"趣横生

作　　者：	聂麦花 等
责任编辑：	刘　霜　罗　静　邵明田
出版发行：	中国青年出版社
社　　址：	北京市东城区东四十二条 21 号
网　　址：	www.cyp.com.cn
编辑中心：	010-57350508
营销中心：	010-57350370
经　　销：	新华书店
印　　刷：	三河市君旺印务有限公司
规　　格：	787mm×1092mm　1/16
印　　张：	8
字　　数：	119 千字
版　　次：	2024 年 6 月北京第 1 版
印　　次：	2024 年 6 月河北第 1 次印刷
定　　价：	42.00 元

如有印装质量问题，请凭购书发票与质检部联系调换

联系电话：010-57350337

总　序

在人类漫长的发展历程中，劳动始终是推动社会进步的核心力量。它不仅塑造了我们的物质世界，更在精神层面赋予我们无尽的智慧和力量。劳动教育，作为传承劳动精神、培育新时代劳动者的关键途径，其重要性不言而喻。本系列丛书正是立足于这一深刻认识，致力于为青少年提供一套科学、系统、全面的劳动教育教材。

劳动教育的意义与价值

劳动教育，作为教育体系中不可或缺的一环，其深远的意义与价值正逐渐被人们所认识和重视。它不仅仅是一种技能的传授或是一种简单的身体力行，更是一种全面的、深入的教育方式，对学生的成长与发展具有不可替代的作用。

首先，劳动教育的核心意义在于它帮助学生树立正确的价值观和世界观。通过亲身参与劳动，学生能够深刻体验到劳动成果的来之不易，从而更加珍惜和感恩生活中的每一份收获。这种体验让学生明白，无论是学习还是未来的工作，都需要付出努力和汗水，才能取得成果。这样的认知，有助于培养学生脚踏实地、勤奋努力的品质，为他们未来的人生道路奠定坚实的基础。

其次，劳动教育在培养学生的实践能力方面发挥着重要作用。在劳动过程中，学生需要动手去操作、去实践，这不仅锻炼了他们的动手能力，还提高了他们解决实际问题的能力。这种实践能力是学生在学习和工作中不可或缺的重要素质，也是他们未来创新和发展的基础。

最后，劳动教育有助于培养学生的团队协作精神和责任意识。在劳动中，

学生往往需要与他人合作，共同完成某项任务。这样的过程不仅锻炼了学生的沟通协调能力，还让他们学会了如何承担责任、如何为团队做出贡献。这些品质对于学生未来的社会生活和职业发展都具有重要意义。

劳动教育的目标与内容

劳动教育的目标与内容，构成了这一教育领域的核心框架。其旨在全面发展学生的劳动技能、劳动态度和劳动精神。其目标不仅关注学生的技能习得，更注重通过劳动实践来塑造学生的品格和价值观，为他们未来的生活和工作奠定坚实的基础。

首先，劳动教育的首要目标是培养学生的劳动技能。这包括基本的动手操作能力、工具使用技巧，以及特定劳动领域所需的专业技能。通过系统的训练和实践，学生将逐渐掌握各种实用技能，为他们日后的独立生活和职业发展提供有力支持。

其次，劳动教育致力于培养学生的劳动态度。在劳动过程中，学生将学会敬业、勤勉和专注，这些品质将伴随他们走向社会，成为他们职业生涯中的宝贵财富。同时，劳动教育还强调创新精神的培养，鼓励学生在掌握传统技能的基础上，勇于尝试新方法、新思路，以适应不断变化的社会环境。

最后，劳动教育的内容还包括传授劳动安全知识和培养环保意识。学生将学习如何在劳动过程中保护自己，避免意外伤害；同时了解并实践环保理念，通过劳动为保护环境贡献自己的力量。

劳动教育的实施方法

劳动教育的实施方法是实现其目标与内容的关键环节。为了确保劳动教育的有效性，教育者需要采用多种灵活且富有创新性的实施方法，以适应不同学生的需求和特点。

首先，理论与实践相结合是劳动教育的核心实施方法。理论知识的学习

能够为学生提供必要的指导和基础，帮助他们了解劳动的原理、技巧和安全规范。然而，仅有理论知识是远远不够的，必须通过实践操作来巩固和深化学生的理解。因此，教育者应组织丰富多样的实践活动，如手工制作、园艺种植、机械维修等，让学生在亲身参与中体验劳动的乐趣和价值。

其次，项目式学习是一种有效的劳动教育实施方法。教育者可以设计具有挑战性的项目任务，如制作一个小型工艺品、搭建一个简易机器人或规划一次社区服务活动等。这些项目能够激发学生的创造力和团队协作精神，促使他们在解决实际问题的过程中提升劳动技能和社会责任感。

再次，开展校企合作是拓宽劳动教育途径的重要方式。学校可以与企业合作，为学生提供实习和实践的机会。通过参观企业生产线、参与产品制作和流程管理，学生能够更加直观地了解现代工业生产和技术应用，从而增强他们的职业素养和就业竞争力。

最后，利用信息技术手段也是提升劳动教育效果的关键。教育者可以借助虚拟现实（VR）技术模拟真实的劳动场景，让学生在安全的环境中进行模拟操作和实践。同时，利用在线教育资源和互动平台，学生可以随时随地学习劳动知识和技能，与同伴分享经验、交流心得。

劳动教育与全面发展

劳动教育，作为我们系列丛书的核心主题，其深远意义不仅在于传授劳动技能，更在于它如何促进学生的全面发展。这套丛书，正是我们为了响应新时代教育改革的号召，专门为学生量身打造的劳动教育实践指南。

通过丛书中丰富多样的劳动实践案例，我们希望引导学生亲身参与、体验劳动的乐趣与价值，从而在劳动中实现自我成长与全面发展。

首先，这套系列丛书通过各类劳动实践项目，如园艺、手工艺、家庭维修等，促进学生的身体发展。在动手实践的过程中，学生不仅能够锻炼身体，提升体能，还能培养身体的协调性与灵活性。

其次，丛书中的劳动教育活动注重激发学生的智力潜能。学生在劳动中需要运用所学知识解决实际问题，这种实践性的学习方式能够加深学生对课堂知识的理解，并激发他们的创新思维与探索欲望。

再次，在情感教育方面，这套丛书同样不遗余力。通过让学生参与劳动，体验劳动的艰辛与喜悦，培养学生的感恩之心与珍惜之情。同时，劳动中的挑战与困难也能锻炼学生的毅力与耐力，塑造他们坚韧不拔的精神品质。

最后，丛书中的劳动教育活动还蕴含着丰富的美育元素。学生在劳动中创造美、欣赏美，不仅能够提升他们的审美能力，还能培养他们的创造力与想象力。

综上所述，这套劳动教育系列丛书致力于促进学生的全面发展。通过劳动，我们希望学生在身体、智力、情感、社会责任感和审美等方面都能得到显著提升，成为新时代的优秀青年。

CONTENTS 目录

紫砂壶制作

紫砂壶制作

第一章 走近紫砂

第一节 初识紫砂

学习目标：了解紫砂的特点。

学习准备：查阅关于紫砂的相关知识。

图 1-1 宜兴紫砂

图 1-2 乌泥紫砂

紫砂陶又称紫砂器或者紫砂陶器，是我国独有的陶器工艺品，它造型多样、色彩古雅、技术精湛。在紫砂制品中，最为常见的是紫砂壶，通常大家提到的紫砂，多是指紫砂壶。紫砂陶只产于中国江苏宜兴。（图 1-1）

紫砂器质地光挺平整，但含有小颗粒状的变化，因此有一种砂质效果，泥色多为紫、红色，还有白泥、乌（黑）泥、黄泥等。紫砂器一般不施釉，而是充分利用泥本色，烧成后色泽温润，古雅可爱。

紫砂陶质地古朴，不媚不俗，与文人气质十分相似，所以深受文人喜爱。

他们以坯当纸，撰铭、书款识、刻花卉、印章，借物寓意。

紫砂土，又称"富贵土"，以天然的矿物组成，蕴藏在岩和普通陶土的夹层中，也有"岩中泥""泥中泥"之称。紫砂矿石经过开采，露天摊放自然风化、粉碎、过筛，加适量的水搅拌，放于阴凉处陈腐、锤炼，才能达到理想的可塑性。

图 1-3 撰铭紫砂

紫砂土具有生坯强度高、可塑性好、收缩率低的特点，透气不透水，特别适合泡茶。用紫砂壶泡出来的茶，色香味皆蕴，而透气不透水。

此外，紫砂壶还具有不炙手和不易爆裂的优点，有耐冷热、急变性好

图 1-4 方嘴紫砂

等诸多良好功能，这是其他陶瓷茶壶所望尘莫及的。

通过本节课的学习，你了解了哪些紫砂的常识？除了紫砂壶，你还知道哪些紫砂器皿？

产　地	
颜　色	
紫砂土特点	
紫砂壶泡茶特点	

第二节　中国的紫砂文化与茶文化

学习目标: 了解中国的茶文化与紫砂文化相互影响。

学习准备: 查阅相关资料。

　　茶这种饮料,在西汉前,是在上层社会食用、药用的;到了隋唐时期,一般制作成茶饼,煮汤饮、饮茶的习俗形成。文人墨客关于茶的诗词著作也多了起来,比较有名的如卢仝的《七碗茶诗》,陆羽的《茶经》等。

　　到了宋代,人们喝点茶,工艺流程很是讲究,资源投入大,很奢侈。当时"斗茶"活动风行天下。这种饮茶方式,多

图1-5　围炉煮茶

用瓷器,使得景德镇的瓷器行业得到了较好的发展。茶制成茶粉成糊状,配上点心,喝茶渐渐普及,但喝茶仍然是贵族统治阶级的专利。普通老百姓是喝不起茶的。

图1-6　茶乐

一直到了明代，农民出身的朱元璋登基，下旨让当时的"斗茶"之风一扫而去。茶改革很快在各地实施，于是人们的喝茶方式改为冲泡散茶，普通百姓也可以泡茶喝了。这种饮茶方式的革新，需要一种器皿与之相适应。紫砂壶以其良好的功能性而登上了历史舞台，明代以后的泡茶饮茶法，一直沿袭至今。

拓展一下

唐元和六年，卢仝收到好友谏议大夫孟简寄送来的茶叶，又邀韩愈、贾岛等人在桃花泉煮饮时，著名的"七碗茶歌"就此产生。

图1-7 根形紫砂壶一

"一碗喉吻润，二碗破孤闷。三碗搜枯肠，惟有文字五千卷。四碗发轻汗，平生不平事，尽向毛孔散。五碗肌骨清，六碗通仙灵。七碗吃不得也，唯觉两腋习习清风生。蓬莱山，在何处？玉川子乘此清风欲归去。"

《七碗茶歌》是《走笔谢孟谏议寄新茶》中的第三部分，也是最精彩的部分。它写出了品饮新茶给人的美妙意境，一杯清茶，让诗人润喉、除烦、泼墨挥毫，并生出羽化成仙的美境。写出了茶之美妙。茶对他来说，不只是一种口腹之饮，更是给他创造了一片广阔的精神世界，将喝茶提高到了一种非凡的境界，专心的喝茶竟可以不记世俗，抛却名利，羽化登仙。

图1-8 根形紫砂壶二

第三节　紫砂壶的发展简史

学习目标: 了解紫砂壶的产地,知道紫砂壶产生的大概时间。

学习准备: 查阅相关资料。

紫砂是陶的一个特殊种类,盛产于宜兴丁蜀镇一带。由于缺乏充足证据,紫砂的起源一直颇受争议。根据文献记载以及传世实物,考古界一般认为紫砂始于明代。

真正意义的紫砂壶在明正德年间产生,与一位金沙寺僧有密不可分的关系。据传,当时在宜兴近郊的金沙寺中,有位爱好品茗的僧人,为了品茶,他一直在寻找一种最能表现茶韵的茶具。不经意间,他在寺庙附近的土山上找到了一种特殊的泥土——紫色且容易成型,烧制后敲击,可发出铮铮之声,色沉稳凝练、型坚固稳定、声清脆悦耳。于是,他便取紫砂细泥制成壶型并经过焙烧,成为历史上最早的紫砂壶。

后来,有位读书人在金沙寺借宿读书准备应试,和他一同住在寺中的还有书童供春。供春对金沙寺僧制作的紫砂壶很感兴趣,便仿照寺里的老银杏树上长出的树瘤制成"树瘿壶"。这就是后来历史上价值连城的"供春壶",供春也成为世上第一位制作紫砂壶的名家。有"供春之壶胜于金石"的说法。当时和后代的许多制壶大师都争相仿制供春壶。(图1-9、图1-10)

图1-9 后人仿制的供春壶

图1-10 顾景舟仿制的供春壶

明代的紫砂壶是以捏制为主，壶内胎往往有掏空时捏按的指纹。

清代的紫砂壶一般采用打泥片，再将泥片镶接而成，壶胎厚薄比较均匀，制作也比较精细。

到了民国时期，由于战乱不断，紫砂受到影响很大。

中华人民共和国成立后，紫砂也获得了新生，以顾景舟、蒋蓉为代表的艺术家们引领了紫砂的再生。由此可见，紫砂的命运与国家、民族的命运也息息相关。现在随着我国国力的不断提升，紫砂壶在艺术界也逐渐受到重视。

拓 展 一 下

顾景舟（1915—1996），原名景洲。18岁拜名师学艺。三十年代后期至上海制壶。1954年进入宜兴蜀山陶业合作社。1956年被江苏省政府任命为技术辅导，带徒徐汉棠、高海庚、李昌鸿、沈遽华、束凤英、吴群祥等人。一生三次参加全国工艺美术代表大会，在港、澳、台、东南亚影响特大，被海内外誉为"壶艺泰斗"，作品为海内外各大博物馆、文物馆收藏。顾景舟穷毕生精力于紫砂陶艺术，不断进取，勇于创新，并带领几代人为紫砂事业增光添彩，不愧为"紫砂泰斗"。

图1-11 顾景舟　　图1-12 顾景舟设计制作的松鼠葡萄十头套组茶具

说一说

同学们，你们了解多少关于紫砂壶有关的趣闻、趣事呢？上网查一查，互相交流一下吧。

第四节　感受紫砂之美

学习目标: 了解紫砂的美都体现在哪些方面?

学习准备: 查阅相关资料。

紫砂的美来自方方面面,首先是造型。

有人说,紫砂壶是千百年来最有魅力的造型设计。紫砂壶造型千姿百态,方非一式,圆不一相,可以说是一座造型的艺术宝库。

有取材于自然,有飞禽、游鱼、走兽和人体,有树木、藤草、花卉和蔬菜。

有借形改装,比如借古代陶瓷器、青铜器、漆器、竹木器、玉石器、生活用器,如包、帽、秤砣、乐器等实物的形状改装成壶。

有几何形体、运用点线面的结合构成的壶体造型,有正方、长方、锥形、菱形、梯形、扁长形、方圆组合等造型。

还有抽象启示,天上云纹的变幻、烟的萦绕、纹乱线组合、奇石山川的花纹。

紫砂壶形确定以后,还要以工艺艺术的手法表现神态,给人以浓郁的回味,或给人有动与静的感受。

再说紫砂作品的气度,包含着作者个性的表现和作者风格的体现、气质

图 1-13 繁星点缀

的体现，有的壶清秀飘逸，有的古朴敦厚，有的轻快明朗，有的粗犷简雅。这也是紫砂美的一个体现。

图 1-14 自然色彩紫砂

紫砂的美还体现在它的色彩上。通常紫砂器是不施釉的，而是充分利用泥本色，烧成后的紫砂壶有"紫而不姹，红而不嫣，黑而不墨，黄而不娇"之说。

此外，紫砂壶的美还体现在它的制作工艺上。一把好的紫砂壶，盖口之间严丝合缝，壶嘴出水如柱，收水果断，是技术与艺术的完美统一。

图 1-15 花器

另外紫砂壶集中华传统的书法、绘画、篆刻等多种艺术形式于一体，也体现了品味美。

紫砂不愧为我国民间艺术的瑰宝啊！

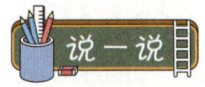

通过本节课学习，你体会到紫砂的美都体现在哪些方面了吗？

第五节　紫砂壶的分类

学习目标：了解紫砂壶的分类。

学习准备：查阅相关资料。

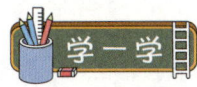

紫砂壶的种类很多，分类的方法各不相同，各类之间没有明确的界限。

紫砂壶自古以来就用"方非一式，圆不一相"形容其造型形式的丰富。一般来说，紫砂壶可以从器型、材质与容量来进行分类。

一、按器型分

图1-16 圆型器

图1-17 方型器

图1-18 筋纹器

图1-19 花器

紫砂壶按器型可分为四大类：

（1）圆型器（圆货）：讲究珠圆玉润、比例协调、转折圆润、隽永耐看。如图1-16所示，它的造型"圆、稳、匀、正"。口、盖、的、嘴、把、肩、腰的配置比例协调和谐，匀称流畅。如西施壶。

（2）方型器（方货）："有力"是方器茶壶最重要的直观特征，讲究线条有力、角度有力、衔接有力、虚实对比有力，作品厚重。方器壶是由多个面嵌接而成的，在"公共边"处理上，也要注重"方中寓圆"的艺术感受。如图1-17所示。

（3）筋纹（囊）器：以几何型（一般为圆货）为基本形，在它的俯视面上依一定的方式或比例划分成若干等份，再用相应的曲线组合成各种形式的平面图案。筋瓢货的俯视图案的取材，常常是以自然界中的各种花型如梅、菊、菱、水仙、葵以及一些瓜果的形象概括而成，立面视觉生动流畅、极富节奏感和韵律感，对紫砂艺人的做壶功底要求较高，是技术与艺术的完美统一。如图1-18所示。

（4）花器（货）：直接取材于自然界的瓜果花木、鸟兽虫鱼的造型，既可以整体模拟自然

形体的造型，如松、竹、梅、牡丹花等，也包括以几何形体为主，以自然形态如竹节、松鼠、葡萄等为器皿的嘴、把、盖、足等局部的造型。如图1-19所示。

二、按材质分

紫砂壶按材质分类，一般常见的有：

（1）紫泥壶　　　（2）红泥壶

（3）段泥壶　　　（4）本山绿泥壶

（5）黑泥壶　　　（6）清灰泥壶等

三、按容量分

紫砂壶按容量可粗分为小品（200mL以下）、中品（200mL至400mL）和大品（400mL以上）。

大多数茶友都钟情于容量小的紫砂壶，因为小壶便于试茶、品味，香气不涣散。

大品壶保温性较好，适合于多人共同品饮，尤其适合泡普洱茶、红茶。

紫砂壶的种类分类无论依据器型、制作工艺、材质还是容量，都不会是完全准确的，这也是对"方非一式、圆不一相"的最好诠释。

紫砂壶按器型分，可分为哪几类？

种类	特点

第二章　紫砂制作初体验

第一节　紫砂常用工具

学习目标: 了解紫砂常用工具。

学习准备: 紫砂常用工具。

在制作紫砂壶时，需要用到很多专用工具，来有效地提高制作的速度和质量。这些工具，大致可以分为两类：一类是通用工具，如木搭子、竹拍子、鳑鲏刀等。还有一类是在制作一些特殊造型的紫砂壶时，需要量体裁衣，经壶艺家自己加工、修整而成的工具。其材质更是包括：铁、木、铜、竹、牛角、皮革、塑料等。

（1）木搭子：用檀树、枣木、红木等硬质木制成，为打泥条、泥片、捶泥用途。（图1-20）

（2）木拍子：用柏树、枣木、红木等硬质木制成，用来拍圆壶身筒、方器等口面的平整。（图1-21）

（3）鳑鲏刀：以钢铁为材质制成，刀刃锋利、用于切削泥片，形似小鱼。（图1-22）

图1-20 木搭子　　图1-21 木拍子　　图1-22 鳑鲏刀

（4）挖嘴刀：用来挖壶嘴、清泥线等。（图1-23）

（5）各种矩车：有规车、矩车等，具有圆规功能的工具，主要用于裁制泥片。（图1-24）

（6）明针：俗称牛角片。由牛角制成，刮削成不同厚薄，且有弹性。用于加工打光，使表面光滑细腻。（图1-25）

图1-23 挖嘴刀

图1-24 规车、矩车

图1-25 明针

（7）手轮、转盘：用于制壶时放置壶体，方便360度旋转修整作品。（图1-26）

（8）独果：用于圆整壶嘴。（图1-27）

（9）顶柱和木榔头：配合使用钤底部印章。（图1-28）

（10）木蛋：用于规整圆壶口部。（图1-29）

（11）铜管：用于钻眼孔。（图1-30）

图1-26 手轮

图1-27 独果

图1-28 顶柱

图1-29 木蛋

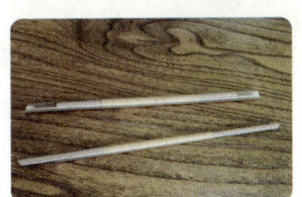
图1-30 铜管

你以前接触过这些工具吗？让我们一起体验一下吧。

初次使用这些工具，你有什么感触？

第二节　紫砂壶的成型方法

学习目标： 紫砂壶常用的成型方法有哪几种？

学习准备： 上网查阅相关资料。

紫砂壶的成型方法主要有手工成型、半手工成型、注（灌）浆成型、拉坯成型四种。

一、手工成型

图 1-31 打身筒

由于紫砂原料的可塑性好，紫砂陶的成型工艺与其他陶瓷工艺有不同的生产方式和技艺。这是几百年来历代艺人们的技术实践，形成了一套特有的、合理的手工制作技法。如制作圆器，用泥条、泥片镶接后，再打身筒（图 1-31）成型；方形器，用泥片镶身筒成形，最后细部加工完成。一般从处理泥料到坯件成型的全过程，均由同一人制作完成。因此，一件作品的工艺质量、艺术价值的高低，都与设计制作者的技术水平、艺术素养、操作技术的熟练程度，以及丰富的实践经验是分不开的。

二、半手工成型

半手工成型又称模具壶，就是把壶的各个部件分别先用全手工的方式做出雏形，然后把它们放入各自的模具里面整型，使之规范化，最后再全手工拼接到一起成壶。这种方法可以解决造型上的不准确，有利于标准化生产，提高生产效率。（图1-32）

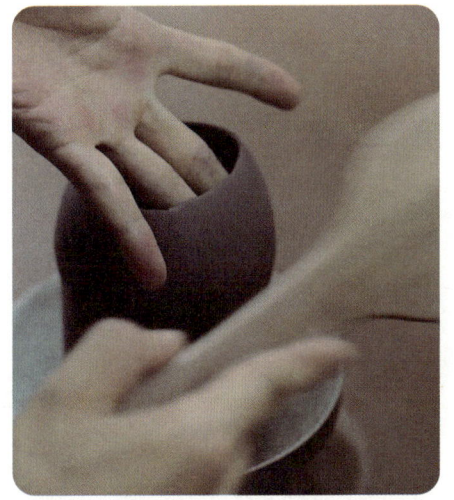

图1-32 手工成型

三、注（灌）浆成型

把紫砂泥浆注（灌）到石膏模具里，利用石膏吸水的特性，靠近石膏泥浆会附着在石膏的内壁上。待吸附达到一定的厚度，把多余泥浆倒出，等坯体稍加干燥，打开模具，就可得到壶坯。经过后期的修整加工，就可得到成型的作品。适宜大批量生产，成品率极高，若用心修坯，每把壶都能做的非常完美，但工艺价值较低。（图1-33）

图1-33 注浆成型

四、拉坯成型

利用拉坯的方法，把壶体等部件拉制成型，再手工拼接到一起成壶。此种方法制作出来的壶体更圆，更规整，也可以提高生产效率。（图1-34）

说一说

紫砂壶常用的成型方法有哪几种？

图1-34 拉坯

成型方法	特点

第三节　注　浆

学习目标：1. 会正确组合模具，能完成注浆和倒浆操作。

　　　　　2. 了解开模的基本步骤，能安全地把坯体从模具中取出。

学习准备：泥浆：搅拌均匀，无泥块，厚薄适宜。

　　　　　模具：擦试干净，组合正确。

　　　　　桌面：铺好报纸，备好抹布。

　　　　　手轮：放置平稳。

　　紫砂壶制作中的"注浆"是一种成型工艺，指的是将泥浆倒入模具中，通过压力使泥浆均匀填充模具的各个部分，形成壶体的基本形状。具体步骤如下：

　　（1）准备泥浆：将紫砂泥料加水搅拌成粘稠的泥浆状态。

　　（2）制作模具：根据紫砂壶的设计图纸，制作出相应的模具。

　　（3）注浆：将泥浆倒入模具中，通过振动或压力使泥浆均匀填充模具的各个角落。

　　（4）脱模：待泥浆凝固后，将壶体从模具中取出。

　　（5）修整：对脱模后的壶体进行修整，去除多余的泥浆，使壶体表面光滑。

（6）干燥：将修整好的壶体放置在通风处自然干燥。

（7）烧制：将干燥后的壶体放入窑中烧制，使其硬化成型。

注浆工艺可以快速、批量生产紫砂壶，提高生产效率。但相比手工拍打成型，注浆壶的泥料分布可能不够均匀，透气性略逊一筹。不过随着工艺的不断改进，注浆壶的品质也在逐步提高。

图1-35 泥浆壶

图1-36 泥浆碗

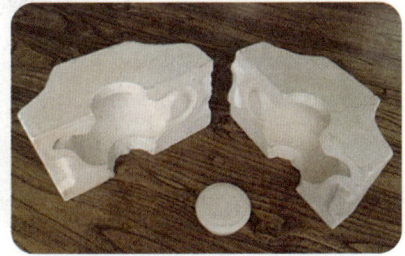

图1-37 模具内部

图1-38 壶盖与壶体模具

试一试

小组合作，分别给壶体和壶盖模具注浆。

图1-39 壶盖模具注浆

图1-40 壶体模具注浆

图1-41 注浆完成

注浆时，双手用力加固模具，避免泥浆流出。

模具中的泥浆液面，会很快下降，这是为什么？

为了使坯体的厚度均匀，要把模具中的泥浆补满。等泥浆吸附厚度达到 4～5mm 时，把多余的泥浆倒出。（图 1-42）待模具内的泥浆控干后，放在干燥通风处，等模具阴干，就可以开模了。（图 1-43）

图 1-42 倒出多余泥浆

图 1-43 模具阴干

1. 控浆时，要轻拿轻放模具，避免用力过大，导致湿软的坯体与模具分离而变形。

2. 记得做事要善始善终，把泥浆收集好下次再用，将工具清理干净。

注浆后的模具稍加干燥，待坯体不粘手，就可以开模了。开模的一个总体要求就是能安全地把坯体从模具中取出。

图 1-44 取下皮筋

图 1-45 分离模具

图 1-46 取下一半模具

图 1-47 抠底托出模

图 1-48 捧壶去底托

图 1-49 置壶于手轮上

想一想

要把坯体安全地从模具中取中来，应该按照什么样的步骤进行操作？操作过程中需要注意什么问题？

做一做

1. 取下橡皮筋。

2. 打开模具。

3. 取出坯体。

小提示

1. 取下橡皮筋时要轻。

2. 打开模具要水平。

3. 出坯体要稳、水平。

此时的壶体较湿软，开模的各个环节都要做到轻、慢、稳，避免震动，防止作品变形。

下面各图拿坯体的方法是否正确？为什么？

图1　　　　　　　图2　　　　　　　图3

图4　　　　　　　图5　　　　　　　图6

小提示

1. 取出的坯体要放置于手轮上，如果不马上进行操作，要注意保湿，方便后面操作。

2. 记得做事要善始善终，开模结束，及时、小心清理并组合好模具，以待下次使用。

3. 清理好桌面和地面卫生，养成良好的行为习惯。

1. 展示一下你的开模作品吧。

2. 与同学们交流一下你在开模过程中的收获和不足。

第三章　　紫砂壶的修整

第一节　　浆口的修整

学习目标： 1. 完成浆口的修整。

　　　　　　2. 完成子口的削薄。

学习准备： 紫砂壶坯体、挖嘴刀、手轮。

　　　　　　桌面：铺好报纸，备好抹布。紫砂壶放在手轮中心，置于面前。

　　　　　　挖嘴刀放置于手轮一侧。

　　浆口是指在注浆过程中，接近模具口，高于坯体的部分。浆口属于多余泥料，为确保形状准确，并减少因泥料问题导致的成品缺陷，需要清理掉。

　　找出坯体上的浆口。

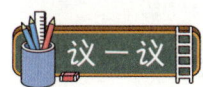

　　要把浆口部分去除，操作时应该注意哪些细节？应该遵循什么原则？

　　1. 找准浆口边界，准确划线。（图1-50）

　　2. 沿线准确切削掉浆口部分。（图1-51、图1-52）

图 1-50 划线

图 1-51 垂直切削

图 1-52 横向切削

图 1-53 切削完成

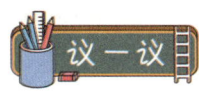

1. 切削时，要轻扶坯体，避免坯体变形。

2. 控制好切削量，不要多削。

1. 切削时，应该如何拿挖嘴刀才能使切削面是水平的？

2. 如果切削面不平整，应该怎么处理？

子口是壶盖盖入到壶口中的部分。壶盖也有浆口需要切削掉，切削完的子口太厚，需要削薄。

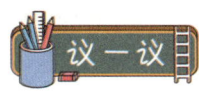

有了去除壶口浆口的经验，要把壶盖的浆口部分去除，操作时应该注意

哪些细节？

（1）找准浆口边界，准确划好线。（图1-54）

（2）沿线准确切削掉浆口部分。（图1-55、图1-56）

（3）刮平子口。（图1-57、图1-58、图1-59）

图1-54 划线

图1-55 垂直切削

图1-56 横向切削

图1-57 刮平

图1-58 平面刮平

图1-59 边缘刮平

1. 切削时，要轻拿壶盖，避免壶盖变形。

2. 刮平子口时，控制好去除的量，避免去除过多。

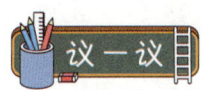

1. 下面两个子口，你认为哪个更好？为什么？

图1

图2

2. 应该如何把子口削薄？操作时要注意什么问题？

3. 与修整壶口浆口相比，修整壶盖浆口是不是更难？为什么？

4. 修整好的子口，是不是越薄越好？为什么？

1. 展示一下你的作品吧。

2. 分析一下你遇到的"拦路虎"，你是如何克服的？

3. 和小伙伴们分享一下你的成功和有待提高的地方吧。

第二节　泥线的修整

学习目标：知道一共有几条泥线，能清理干净泥线。

学习准备：紫砂壶坯体、挖嘴刀、手轮。

　　　　　　桌面：铺好报纸，备好抹布。紫砂壶放在手轮中心，置于面前。

　　　　　　挖嘴刀放置于手轮一侧。

泥线是模具组合产生的缝隙由于泥浆渗入而形成的凸起于壶体的线，这也是注浆成型作品很典型的特征。这些泥线需要经过精心修整，去除干净，以免影响壶体的美观。

壶体、壶盖一共有多少条泥线需要清理？

壶体	
壶盖	

1. 用挖嘴刀将各处的泥线进行仔细清理，务必要刮干净。（图 1-60）

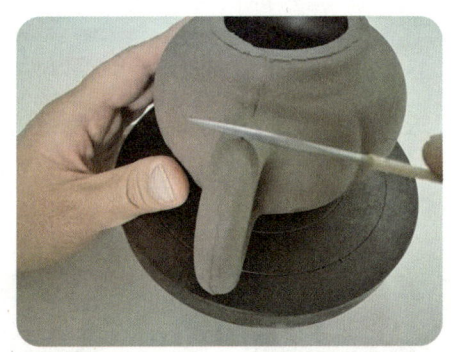

图 1-60　清理壶把泥线

2. 清理壶体下半部分泥线的时候，要将壶如图所示倒置。（图 1-61）

3. 清理壶底泥线的时候，要仔细区分好哪是泥线、哪是壶底部分，避免破坏壶体。（图 1-62）

图 1-61　清理壶体下半部分泥线

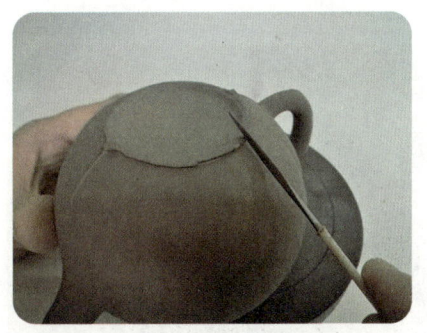

图 1-62　清理壶底泥线

1. 如何判断泥线被清理干净了？

2. 如果不小心，局部去除多了，有没有办法补救？

3. 壶体倒置，应该注意什么问题？

 学一学

　　抛光，是紫砂成品表面加工的一种方法。通常把加工过的牛角片浸泡软后，顺向擦过壶体表面。经抛光处理的紫砂器表面形成一层玻璃相的光泽。使用牛角片抛光，需要有一定的技术基础才能进行，否则很难达到预期效果，还有可能在抛光的过程中把壶抛碎。所以建议初学者使用细软的棉布来进行。

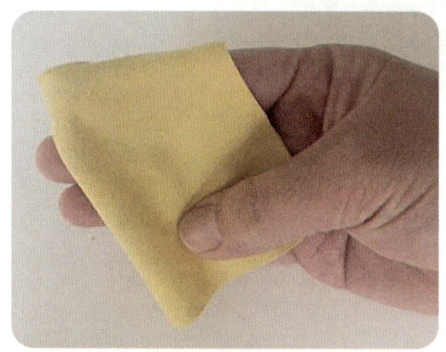

图 1-63 折叠棉布

图 1-64 顺向抛光

图 1-65 擦出光泽

图 1-66 抛光完成

 议一议

1. 可以用粗纤维的布抛光吗？为什么？

2. 壶体很湿软或者很干燥的时候能不能抛光？为什么？

1. 展示一下你的作品吧。

2. 分享一下你的操作小窍门。

3. 找找看，哪些细节还有待提高？

第三节　壶嘴、壶口的修整

学习目标：1. 完成壶嘴的修整。

2. 开透气孔。

3. 完成壶口的修整。

学习准备：紫砂壶坯体、挖嘴刀、手轮。

桌面：铺好报纸，备好抹布。紫砂壶放在手轮中心，置于面前。

挖嘴刀放置于手轮一侧。

注浆形成的紫砂壶，开模出来的壶嘴是密闭的，需要进行一系列的修整才能正常使用。

一、透空壶嘴

想一想：要进行壶嘴的透空，需要经过哪些步骤？用到哪些工具？操作时应该注意哪些细节？

1. 找到壶嘴的中心点，标记出来。（图1-67）

2. 用铜管在壶嘴平面上，以中心点为圆心，做圆。（图1-68）

3. 用铜管稳稳透空。（图1-69）

图 1-67 找中心点

图 1-68 做圆

图 1-69 透空

小提示

1. 找中心点要找准。（图 1-70）

2. 做圆要做正。（图 1-71）

3. 透空时，铜管要和壶嘴的倾斜角度一致。（图 1-72）

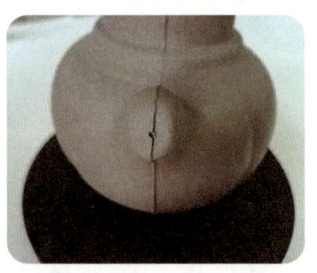
图 1-70 找中心点

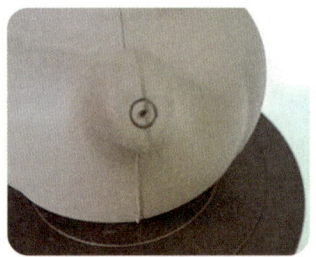
图 1-71 做圆

图 1-72 透空

图 1-73 壶嘴透空完成

议一议

1. 操作时，手轮经常会转来转去，应该如何解决这个问题？

2. 操作时，手总是抖，怎么办？

二、开透气孔

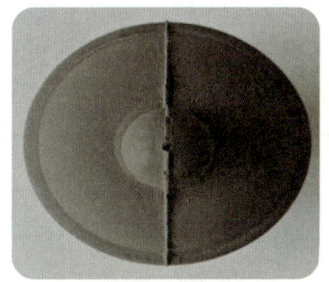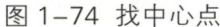

图 1-74 找中心点

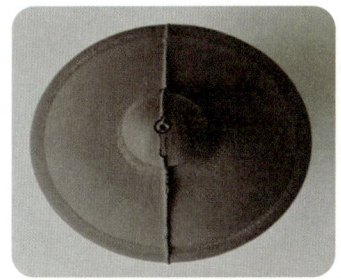

图 1-75 做圆

图 1-76 透空

1. 你认为开透气孔的位置是否唯一确定？

2. 如果在点子上开透气孔，应该注意什么问题？

三、壶嘴挖大、圆整

透空后的壶嘴较小，还需要经过挖大和圆整才可以正常使用。一把好的紫砂壶，从功能上说来，出水如柱且要流畅，收水要果断。

1. 要想把壶嘴挖大、圆整，要用到什么工具？

2. 操作时应该注意哪些细节？

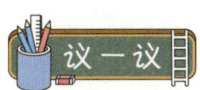

壶嘴挖到多大算合格？

1. 用挖嘴刀慢慢旋转切削，逐渐挖大壶嘴。

2. 用独果圆整壶嘴。

1. 用挖嘴刀挖大壶嘴时，要旋转切削。

2. 每次的切削量要小。

3. 用独果轻轻圆整壶嘴。

4. 操作时要轻扶壶嘴避免捏坏。

四、壶口挖大、圆整

一把制作精良的紫砂壶，不仅外形美观，更重要的是细节处要有讲究。比如，盖口之间要严丝合缝，没有壶盖上的透气孔壶里面的水倒不出来。

要把壶盖盖到壶口中去，应该按照什么步骤进行操作？在操作过程中应该注意哪些细节？想清楚了再操作，避免出现问题后无法补救。

1. 壶盖放于壶口正中。（图1-77）

2. 沿子口边缘划线。（图1-78）

3. 沿所划线垂直切削。（图1-79）

4. 轻刮壶口至壶盖盖入2/3即可。（图1-80）

图1-77 壶盖放在壶口正中

图1-78 沿子口边缘划线

图1-79 挖嘴刀垂直切削

图1-80 壶盖盖入壶口2/3即可

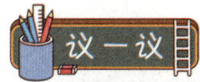

1. 挖嘴刀为什么要垂直切削?

2. 可否把壶口挖得大一点,直接把壶盖盖进去就可以了?

壶口经过初步的挖大,不够圆,借助专业工具——木蛋,可以将其进一步修整变圆,最终与壶盖完美配合。

木蛋:每一个点的横切面都是一个圆,用于检测壶口是否圆整。

在利用木蛋帮助壶口圆整时,应该按照什么步骤进行操作?在操作过程中应该注意哪些细节?

1. 木蛋竖直轻放于壶口中,如图1-81。

2. 水平轻轻旋转,找出摩擦痕迹,如图1-82。

图 1-81 竖直放入，水平通转

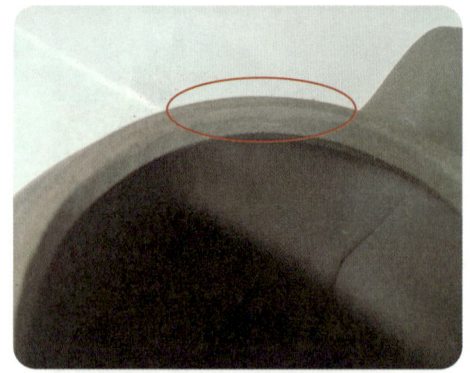

图 1-82 找出摩擦印迹

3. 刮去摩擦印迹，如图 1-83。

4. 重复操作，直到壶盖能完全盖入壶口，无阻碍通转即可，如图 1-84。

图 1-83 刮去摩擦印记

图 1-84 盖入通转

小提示

要竖直使用木蛋，旋转的时候一定要轻轻用力，否则极易把壶口撑裂，无法修复。

展示与交流

1. 展示一下你的作品吧。

2. 谈一谈操作过程中，最让你感到"胆战心惊"的环节。

3. 交流一下你是如何成功完成操作的？还有哪些方面需要提高？

　　有人说，按住紫砂壶的透气孔倒水，以壶内的水不从壶嘴和壶盖流出作为紫砂壶做工精良的标准。如果做不到，则认为是艺人制作水平不合格。你是怎么看这个问题的？上网查一下相关资料，和同学交流一下吧。

第四章　紫砂壶的装饰及烧制

第一节　设计画稿

学习目标：知道紫砂壶装饰的常用方法，能完成画稿的设计。

学习准备：装饰用的字、画。

紫砂壶的装饰，通常在泥坯的制作过程中同时完成。常用装饰方法借鉴中国传统工艺品的装饰方法，并巧妙移植。常见的有：刻画装饰、捏塑装饰、泥绘装饰、镶嵌装饰等。

一、装饰的方法

1. 刻画装饰

刻画装饰指在壶体上，用刻刀"写字"或"画画"的一种方法，这与中国传统的书法、绘画、篆刻等艺术形式融为一体。素有"壶以字贵，字依壶传"之说。

图 1-85　刻字紫砂

2. 捏塑装饰

紫砂由于有较好的可塑性，所以在手工成型制作中，常见在壶体上捏、雕出各种图案形象，如瓜、果、树、竹、

葡萄藤等。作品看起来肌理质感强，触觉舒适，视觉美观。

3. 泥绘装饰

以泥饰泥的装饰手法称为泥绘装饰。就是把紫砂泥化为泥浆（用本色或者其他色泥），用毛笔沾泥浆在有一定湿度的壶坯上堆画，有浅浮雕的效果（图1-86）。

4. 镶嵌装饰

采用石、陶、树脂等为材质，将所需装饰图案刻在印板上，印板压出花纹图案或者文字后，以镶接成型法制壶。

图 1-86 泥绘紫砂

二、刻画装饰

对于同学来说，较易上手的是刻画装饰。下面简单给同学介绍一下如何进行刻画装饰。

刻画装饰分为空刻和印刻。

（1）空刻：不用画稿，直接在壶坯体上进行镌刻，需要有娴熟的陶刻技巧，胸有成竹，"落刀无悔"，通常不太适合初学者采用。

（2）印刻：将字或者画稿先用毛笔绘于壶坯体，也可将稿描于壶坯体，再进行刻画处理。

三、设计画稿

根据壶形，设计独具特色的画稿。

图1-87 乡野

图1-88 花鸟

图1-89 睡莲

图1-90 竹

议一议

哪种类型的画稿适合于壶体刻画装饰？

展示与交流

1. 展示你设计的画稿吧。

2. 和同学们交流一下你的设计思想和创意吧。

第二节　壶体装饰

学习目标： 能完成紫砂壶的刻画装饰。

学习准备：设计好的画稿，紫砂壶坯体、手轮、挖嘴刀。

桌面：铺好报纸，备好抹布。紫砂壶放在手轮中心，置于面前，挖嘴刀放置于手轮一侧。

刻画装饰又分为阴刻和阳刻。把笔画刻掉的方法称为阴刻（图1-91）；只刻笔画边缘，称为阳刻。（图1-92）

图1-91 阴刻

图1-92 阳刻

字形比较大的书法，比较适合啄沙地刀法。所谓啄沙地是指用刀尖将中间部分一点点啄掉，被啄部分呈不规则的颗粒状，形成高低不平的粗糙表面，就像雨点击打沙滩后的样子，又可分为啄沙地凹和啄沙地凸两种。（图1-93、图1-94）

图1-93 啄沙地凹

图1-94 啄沙地凸

一、在壶体上描绘画稿

图 1-95 描绘画稿

1. 壶把在右，壶嘴在左，面对的是壶体正面，另外一面为反面。通常情况下，正面刻字，反面刻画。

2. 画稿中心稍偏壶体中心线以上 2～3mm。

3. 印画稿的时候，一定要控制好力度，否则极易把壶压碎。

二、刻画

图 1-96 刻画

小提示

1. 刻画的时候，壶下面垫软布。

2. 控制好刻画力度，避免把壶压碎。

3. 刻下的泥屑用毛刷轻刷，不要用嘴吹，避免飞入眼睛。

议一议

1. 比较小的字，能不能选择阳刻？

2. 画稿线条特别细密，刻起来难度大吗？怎样可以降低难度？

修整画稿。

展示与交流

1. 展示一下你的作品吧。

2. 和同学交流一下在刻画的过程中，你遇到哪些困难，是怎么克服的？

作品还有哪些提升的空间？

第三节　紫砂壶的烧制

学习目标：知道紫砂壶常用的烧制方法，了解紫砂壶的烧制温度区间。

学习准备：修整好的紫砂壶干坯、电窑炉。上网查阅相关资料。

学一学

制作完毕的紫砂壶，经过阴干，就可以放到窑炉中进行烧制了。

一、柴窑

早期的紫砂壶是柴烧的，特点是使用木材烧制，烧制时间较长，需要专

图1-97 宜兴窑址

人时刻监控温度的变化情况。对环境的污染较大，现在已经较少使用这种烧制方式。

二、气窑

气窑一般使用液化气和天然气，为半开放式，烧制时有空气进入，烧制温度半自动化控制。因作品处于窑内的位置不同，同一窑作品烧制出来的效果也不相同。

三、电窑

电窑也就是封闭式的电炉，电能通过电阻丝转化为热能。可以通过设置烧制程序，来控制各个不同的烧制阶段时间长短，由于比较便捷，现在多采用电窑烧制紫砂壶。电窑也没有火焰，所以电窑的烧成品看起来很精致。由于发热的电阻丝是安装在四壁，窑内多层摆放（图1-98），电窑的温差变化较大，靠上位置、靠边位置温度较高，烧制出来的作品颜色也稍有不同的。

图1-98 电窑内多层摆放

通常紫砂壶的烧制要根据泥料来决定烧制的温度。多数紫砂壶的烧制温度在 1050 ～ 1160℃之间。

紫砂壶经过大约 8 ～ 10 个小时的烧制，再降温至约 100℃，就可以出窑了。出窑是最令人期待的一个时刻，同学们，你们期待看到自己的作品吗？

作品欣赏

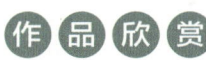

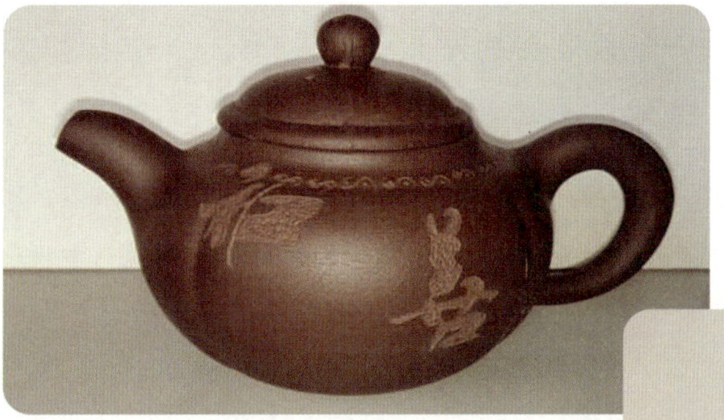

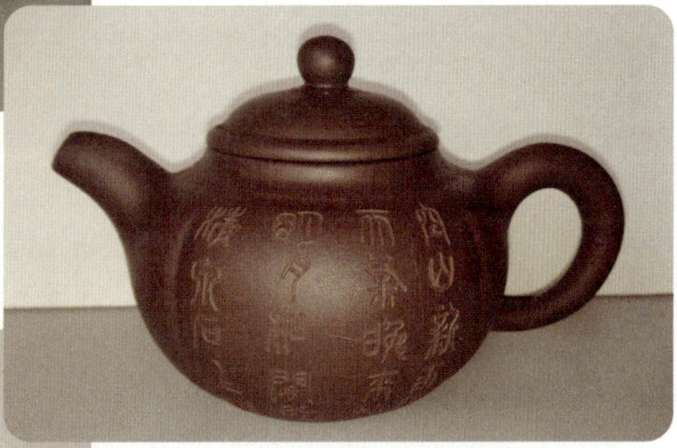

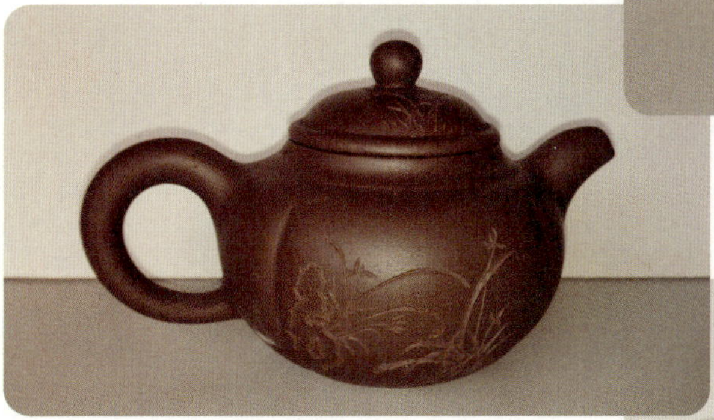

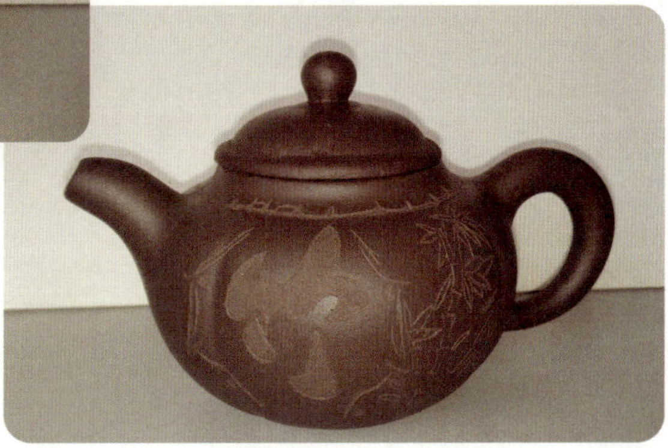

拓展一下

　　一般而言，紫泥壶窑温要比烧制红泥壶窑温高。窑中的火温，以及窑内的氛围都直接影响到壶的品质，虽是同一种泥料，不同温度、不同的氛围烧成，其色泽却迥然有异。制作讲究的手工壶，在烧完取出后，还要修整壶口和子口，使壶的口盖更加平整严密，这也叫整口。经过整口后的壶再进行第二遍烧制，这个时候的壶一般来说都是成品了。也有的壶在第二遍烧完之后，发现砂料呈色不理想，于是再进窑烧第三遍。所以，紫砂壶的烧制也是一门技术含量很高的技术。想一下，辛辛苦苦做出来的壶，被烧坏了，是不是很令人感到惋惜？

陶　艺

第一章　传承陶艺文化

第一节　中国陶艺简史

学习目标: 1. 了解中国陶艺简史。

2. 体会中华优秀传统文化的魅力。

中国是四大文明古国之一。中国人民在世界科学史和文化史上,都曾经写下光辉灿烂的篇章,其中陶瓷的制作工艺及其发展,更是绚丽多彩,鲜艳夺目的一页。

随着人类世世代代长期用火经验的积累,对于火的使用有了进一步的认识。火与土的结合,社会生活的需要,这就为陶器的出现准备了必要的条件。陶器,作为人类的生活用品以及文化象征是不断发展、更新的,这在人类创造发明史上也是一个奇迹。当人类第一次发现泥土过火焚烧变成陶器时,人类的文明也随之发生了变化。陶器的出现,揭开了人类利用自然、改造自然与自然做斗争的新篇章,是人类生产发展史上的一个里程碑。同时,陶器的发明,也大大改善了人类的生活条件,在人类生活史上开辟了新纪元。陶瓷总是记载着每个时代人类文明的进程,因此一部陶瓷的发展史,必然是一部人类的文明史。

陶瓷的发展经历了一个不断演化、不断更新的过程,这个家族日益丰富多彩。彩陶、黑陶、白陶、唐三彩、紫砂器、青瓷、白瓷、青花瓷、五彩缤

纷的彩绘瓷……这一粒粒陶瓷史上的璀璨明珠，结成了一串最美的珠链。陶瓷的发展历史便是串起这条珠链的细线。陶器作为一种生活用品，从它产生之时开始，就和艺术密不可分，无论是器形还是纹饰，都是艺术的创造或模仿。也许，没有一种材料能像陶瓷一样在每一个时代都参与了人类的生活。而在当今的现代生活中没有陶瓷艺术是不可想象的，这一古老的文明为现代人们的生活、文化增添了无限的趣味。以往在人们的观念中，陶瓷只能作为一般的日用品看待，无形中就制约了陶瓷在艺术领域中的地位。当今陶瓷这一古老的材料与制作工艺重新得到认识、理解与应用，并形成了独特的艺术门类——陶艺。陶艺以自己独特的艺术语言参与了现代人的生活，并协调于时代的审美追求。

陶艺分为传统陶艺与现代陶艺。传统陶艺主要从传统的继承与发展的角度去认识传统陶瓷的材料、工艺制作、成型手段、装饰技艺、烧成效果与艺术效果，我们可以从中了解各个不同时代所创造的不同的艺术风格。而现代陶艺则是在传统陶瓷的基础上，去更新工艺材料、发挥技艺手法的表现力，去探索新的表现技巧，创造出具有时代感与个人风格的艺术形式。现代陶艺在世界各国都逐渐得到发展，尤其是欧洲、美洲、日本等国家和地区发展的速度比较快，出现了各种风格、流派迥然不同的作品。因此，现代陶艺使古老的陶瓷材料具有更强盛的生命力。

无论是科技发达的现在，还是人类起源的远古，火与土对于人类来说始终充满了激动与魅力。陶艺是一种集历史、科技、技艺、创造为一体的艺术。对于材料、造型、装饰、色彩、肌理以及制作工艺，陶艺同其他艺术形式有很大差异。正是这些特殊的材料、工艺与烧成，构成了独特的表现语言与表现形式。

中国虽作为瓷的母国、陶的故乡，但现代陶艺的起步应当说还比较晚。但近年来，随着我国经济的发展，人们文化生活日益丰富。现代陶艺以它独特的特性，精湛的技艺和丰富的表现空间，越来越成为现代人所热衷的一项艺术活动。我国地大物博，资源丰富，陶瓷产区遍布各地。国内许多艺术院

校相继成立了陶瓷及相关的专业，陶艺界也出现了一批深具实力的先行者。相信随着我国经济的腾飞，人们文化素质的不断提高，中国现代陶艺将会以其独特的面貌呈现在世人面前，同时也会出现更多的爱陶人和做陶人。

结合本节内容，请你谈一谈你所了解的陶艺知识，比如你曾参观的博物馆经历，你身边用到或看到的陶器、瓷器等。

第二节　陶艺文化

学习目标：了解相关陶艺文化。

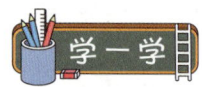

一、彩陶文化

图 2-1 同心圆圈波纹彩陶盆

彩陶是指在打磨光滑的橙红色陶坯上，以天然的矿物质颜料进行描绘，用赭石和氧化锰作呈色元素，然后进窑烧制。在橙红色的胎地上呈现出赭红、黑、白等诸种颜色的美丽图案，形成纹样与器物造型高度统一，达到装饰美化效果的陶器。

彩陶发源于距今约 10000 年前的新石器时代。在公元前 5000 年的西安半坡村的仰韶文化遗址中，发现了很多精美的彩陶，表明在半坡时期，人们已经能熟练地控制窑温，并且彩绘艺术也达到了很高的水平。彩陶的器型基本上都是日常生活用品，常见的有盆、瓶、罐、瓮、釜、鼎等。

彩陶文化分布广泛，延续时间长。从距今 8000 年到距今 3000 年左右，绵延了 5000 多年,跨越老官台、仰韶、马家窑、大汶口、屈家岭、大溪、红山、齐家等文化,在世界彩陶历史中艺术成就最高。从制作工艺、艺术成就、历史价值、升值空间等诸多因素看,陕、甘、宁、青的仰韶、马家窑、齐家文化彩陶和山东地区的大汶口文化彩陶最宜收藏。

图 2-2 网纹彩陶船形壶

仰韶文化距今约 7000 年,是我国新石器时代彩陶最丰盛繁华的时期。它位于黄河中游地区,以黄土高原为中心,遍及河南、山西、陕西、甘肃、河北、宁夏等地。

马家窑文化制陶业非常发达,其彩陶继承了仰韶文化庙底沟类型爽朗的风格,但表现更为精细,形成了绚丽而又典雅的艺术风格,比仰韶文化有进一步的发展,艺术成就达到了登峰造极的高度。马家窑文化的彩陶,早期以纯黑彩绘花纹为主;中期使用纯黑彩和黑、红二彩相间绘制花纹;晚期多以黑、红二彩并用绘制花纹。马家窑文化的制陶工艺已开始使用慢轮修坯,并利用转轮绘制同心圆纹、旋纹和平行线等纹饰,表现出了娴熟的绘画技巧。彩陶的大量生产,说明这一时期制陶的社会分工早已专业化,出现了专门的制陶工匠师。(图 2-3、图 2-4)

图 2-3 浮雕人纹彩陶壶——马家窑文化

图 2-4 漩涡纹四系彩陶罐——马家窑文化

马家窑型彩陶的艺术特点可归纳为：点和螺旋纹。点的运用成为这个时期装饰的特点。在点的外面装饰螺旋纹，有动的感觉。因此，马家窑型彩陶的艺术风格可用旋动、流畅来形容。

二、黑陶文化

图 2-5 蛋壳黑陶高柄杯

公元前 2600 年至公元前 2000 年，在新石器时代晚期，随着距今 7000 年以上的仰韶半坡彩陶艺术的衰落，中国文化历史上孕育出了"黑陶文化"。黑陶文化的发现，标志着中国制陶工艺达到空前发展，也向后人展示制陶由实用性转向审美要求的历史过程。

黑陶文化又称龙山文化，是铜、石并用时代文化，因发现于山东章丘龙山镇而得名，距今 3950～4350 年。分布于黄河中下游的山东、河南、山西、陕西等省。大汶口文化出现的快轮制陶技术在这一时期得到了普遍采用，磨光黑陶数量更多，质量更精，烧出了薄如蛋壳的器物，表面光亮如漆，是中国制陶史上的顶峰时期。

在龙山文化中，最引人瞩目的要数黑陶制品了。黑陶源自人们的生活用器，之后由于质地易碎，逐渐走出日常生活。如今，黑陶被作为艺术品供人们欣赏。

黑陶是在焙烧时，前期采用氧化焰，烧窑快结束时投入木炭产生浓烟（这时火焰是还原焰），经短时间渗透，便呈现黑色。烧成温度在 1000℃ 左右。有的黑陶表面乌黑发亮，胎体薄如蛋壳。

三、釉陶文化

釉陶常见的有两种：一种是胎呈灰色，胎质坚硬，器表带有灰色透明青釉，烧成温度达 1200℃ 的釉陶。其物理性能已接近瓷器，原料为高岭土，吸水

率很低，火温 1200℃，叩之有金属声，因此称这种釉陶为原始青瓷；另一种是在西汉晚期已经出现的胎呈红色的陶器，其表面施绿、黄、黄褐色的低温釉，釉料中由铅作助熔剂，因此称铅釉陶器。唐三彩便是低温釉陶。

图 2-6 浮雕狩猎纹绿釉陶壶

图 2-7 贴花三彩龙柄瓶

如果说祖国是我们的根，那么民族文化就是我们的魂。想一想，你的家乡还有哪些具有地方特色的文化？如果方便的话不妨去走访调查一下，相信这种尝试会给你带来意想不到的收获。

第三节 传统陶艺与现代陶艺

学习目标：了解传统陶艺和现代陶艺的特点。

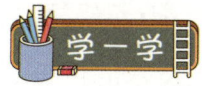

一、传统陶艺

所谓传统陶艺，是中国本土制陶（瓷）方式和技艺。传统陶艺具有实用性、功利性、工艺性与大众性的特点。

1. 实用性

实用性是传统陶艺制作的目的性特征。在传统陶艺创作中，实用功能主导着陶艺的设计，造型的变化出自于人们特定的生活需要并受到使用功能的制约，包括尺寸、体量、形态、材质等物理因素，也包括了在使用过程中的安全性、便利性、使用习性等人的心理、精神因素。

2. 功利性

功利性是传统陶艺制作的商品性特征。有着实用目的和审美价值取向的陶艺生产，必须受到供需关系、使用方式和使用对象的制约和影响。传统陶艺的生产，是一种经济活动，生产的产品是为了满足市场的需求，实用、经济而又美观，是其生存的法则。

图 2-8 唐 越窑 青釉壶 故宫博物馆藏

图 2-9 彩斑黑釉盖罐

3. 工艺性

工艺性是传统陶艺生产的物质技术特征。陶艺的发展经历了从简单、粗糙到工整、精细，从低温素陶到高温瓷釉的发展过程。工艺技术的创新进步，产品质量的逐步提高，标志着陶艺制作水平的不断完善与成熟，其物质技术特征自然也成为评判一件陶艺作品质量好坏的标准。那些严谨工整的造型，刻画精细的装饰，润滑艳丽的釉色，坚实细腻的胎质陶艺，无疑已成为传统陶瓷工艺美的象征，也成为大众陶艺的审美标准之一。

图 2-10 珍珠地刻花人物纹瓶　　　　图 2-11 紫砂壶

4. 大众性

大众性是传统陶艺的审美特征。陶艺的大众性，体现在陶艺制品的接受者是社会大众因而它的实用功能的特点和审美趣味适应大众的需要和喜好，并符合时代的审美观念价值取向。所以传统陶艺也是一种具有大众特点的陶艺。

二、现代陶艺

现代陶艺的特点是观念、情感、个性、趣味的自然表露。现代陶艺是针对西方工业化生产日益发展、机械化代替了手工制作的现象而产生的。虽然大工厂生产出来的瓷器比手工陶瓷器更为精细、工整，而且价格更便宜，然而这种整齐划一的产品缺少个性和变化，因为每十件、每二十件的陶瓷器都是一样的，渐渐使人们厌倦。这种情况在其他行业也是一样。于是现代社会开始崇尚个性，崇尚自然朴实的风气。这时，有一些人开始有意识地创作赋于陶瓷制作者个人特性的陶瓷，陶瓷作品的造型和表现手法开始丰富起来，不只限于日常用的器皿，一些纯粹的陶瓷造型艺术或陶塑也大量出现了。这些人成为最早的陶艺家。现代陶艺就此诞生了。

图 2-12 批量生产

第四节　陶艺材料及工具

学习目标：1. 了解陶艺的常见工具和材料。

2. 能规范使用相关工具。

一、陶艺材料

1. 陶瓷的原料

所谓陶瓷是用粘土和岩石的粉末，用一种或数种的混合物制作出来的雏形，再用高温烧制而成的器物。

我们赖以生存的地球表面包围着形形色色的岩石，大都是由于火山喷发，其岩浆经冷却、坚固形成，这种岩石统称火成岩。

2. 粘土原料的分类

粘土是含有硅酸盐的火成岩，大致分为一次粘土和二次粘土两种。一次粘土又称残留粘土。在火成岩受自然界影响过程中，直接受风化作用的岩石叫母岩。母岩经破碎，被分解，直至最后变成粘土。在有母岩的场所或是距母岩较近的地方所成的粘土，叫做一次粘土或残留粘土。一次粘土形成后，因被水流或其他搬运的机会很少，其所含的有机物与矿物质等不纯物质相对较少，颗粒粗大，颜色洁白，粘性较低。其中最纯净的粘土叫作高岭土，是因这种土最早发现于江西景德镇的高岭村而得名。

作为陶艺爱好者，我们日常使用炼制好的块泥即可。这些泥料都是经过调配和处理过的。常用的泥料主要有陶泥和瓷泥两大类：陶泥含杂质较多，烧成温度一般在 800 ～ 1000℃之间，质地较松，硬度较差，粗陶有渗水现象。瓷泥主要成分是高岭土、瓷石以及其它矿物质，烧制温度在 1300℃以上，质地细密，硬度高，不吸水，呈半透明状。

图 2-13 陶泥

图 2-14 瓷泥

 试一试

你手头有几种泥料？颜色有什么区别？如果把它们相互调配一下效果会怎样？开动脑筋想一想，试一试，相信你会有更多发现。

二、工具

俗话说："工欲善其事，必先利其器。"得心应手的制陶工具不但可以事半功倍，运用得当，还能取得一些特殊的效果。

下面，让我们一起来认识一些常用的制陶工具吧。

（1）擀泥杖：用于擀压泥片。（图 2-15）

（2）木刀：用于切割泥料，也可用于抛光作品表面。（图 2-16）

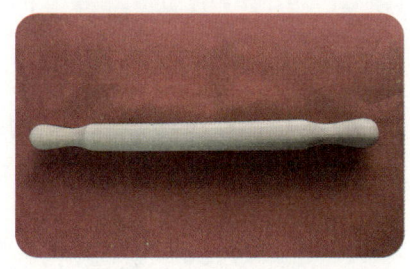

图 2-15 擀泥杖

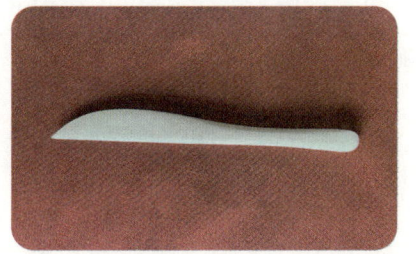

图 2-16 木刀

（3）木笔：用于刻画线条，或压出一些肌理效果。（图 2-17）

（4）规车：它有点像圆规，由两部分组成：一部分是一根带有刻度的横梁，其前端有一片厚 1mm 左右的金属刀片；另一部分是一个锥形部件，套在横梁上并且可活动。拧松或拧紧其顶端的螺丝可调节、固定锥形部件的位

置。它的作用是裁割圆形泥片。使用时锥形部件固定于圆心，旋转一周即可裁割出圆片。（图2-18）

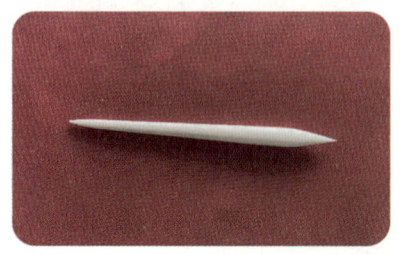

图2-17 木笔

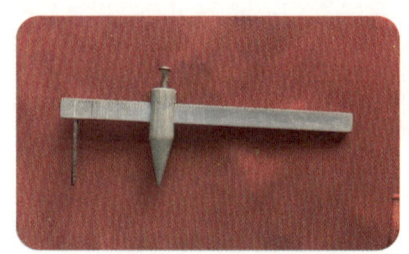

图2-18 规车

（5）矩车：它和规车很像，不同之处在横梁上的活动部件顶端也是刀片。也是通过调节活动部件来确定裁割的宽度。它的作用是裁割矩形。（图2-19）

（6）直划子：用于刻画线条。（图2-20）

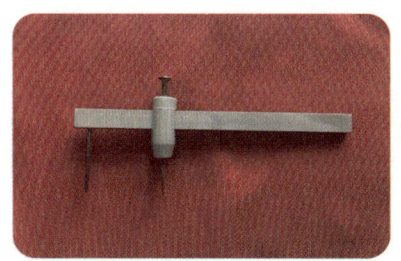

图2-19 矩车

图2-20 直划子

（7）铜管：用于透空穿孔。透孔时拇指和食指转动铜管前进，取出铜管，将嵌入管中的泥取出，再重复操作直至透空。（图2-21）

（8）挖嘴刀：一端是尖尖的针状，另一端是扁扁的刀刃状。可切割泥板、给作品打孔、刻划线条。（图2-22）

图2-21 铜管

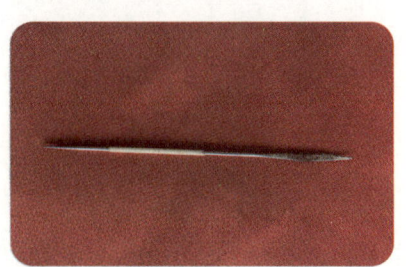

图2-22 挖嘴刀

（9）削泥刀：用于切割、刻画和修整作品。（图2-23）

（10）木搭子：用于拍打泥片。所制泥片较密实，是制作手工茶壶的必备工具。（图2-24）

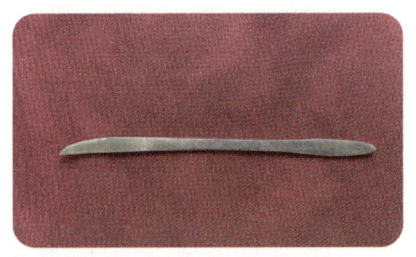

图2-23 削泥刀

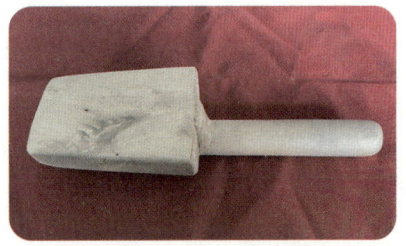

图2-24 木搭子

（11）竹拍：用平整的一面拍打作品的局部，使器型更加规整；其光滑的一面可将泥板的表面刮平，提高作品的质量。（图2-25）

（12）木拍：多用于调整作品的外形。例如，把直筒形的坯体拍成弧形的坯体，制作紫砂壶时经常要用到。（图2-26）

图2-25 竹拍

图2-26 木拍

（13）手轮：也叫"云台"。它可以360度旋转。在进行陶艺创作时，将作品放置其上，可以针对作品的每个角度、每个细节，进行观察、刻画、制作。方便自如。（图2-27）

（14）毛笔：用于涂水或是修整作品。（图2-28）

图2-27 手轮

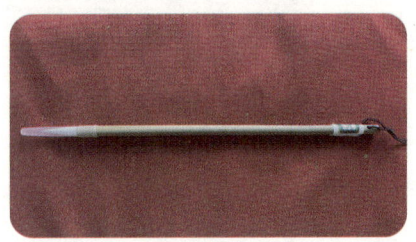

图2-28 毛笔

开动脑筋，变废为宝

废旧笔帽、笔杆、吸管、瓶盖、塑料瓶、一次性筷子、螺丝等，这些废旧的小东西有时候不经意就出现在你的眼前。信手拈来，用来压印、刻画等装饰，效果很好。

处处留心皆学问。其实，再好的工具也需要创作者的巧手运用才能发挥作用。只要善动脑、肯动手，身边的"宝贝"还有很多呢！让我们一起来发现吧。

请同学们相互配合，检验一下掌握得如何，并搜集一些陶器和瓷器来进行辨别，要求：

1. 能正确辨别各种制陶工具。

2. 能正确辨别陶器和瓷器。

图 2-29 制陶工具

第二章　徒手捏制法

　　徒手捏制法是最原始、最简单的做陶方法，最能直接表达作者的构思、手法和情感。根据作者的构思，将泥在手中团成球体，或捏成所需要的其他形状。作品可以是单件的，也可以是组合的。还能够在捏泥的过程中体会到黏土的性质和特点，并为进一步学习其他成型方法打下基础。徒手捏制法的作品特点造型自然，生动活泼。徒手捏制法只能捏塑一些简单较小的作品，如小碗、小烟灰缸、小茶壶等。

第一节　茶　宠

　　学习目标： 1. 了解与茶宠有关的传统文化知识。

　　　　　　　2. 体验泥的塑性。

　　　　　　　3. 掌握徒手捏制基本形状的方法。

　　学习准备： 1. 工具：木刀、毛笔、水壶。

　　　　　　　2. 材料：紫砂泥。

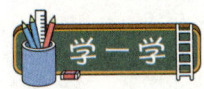

　　茶是大部分中国人生活中不可或缺的一部分，可以无肉食，不可无茶饮。茶是中国韵味的独特象征，在悠悠茶香中飘荡的是千年文化的脉脉情怀。很多家庭客厅茶几上会有很多茶器，你都认识和了解他们的名字和用途吗？这里面有一样很有趣味的小物件——茶宠。

什么是茶宠？茶人的宠物也。在喝茶的时候用茶汤涂抹或直接冲淋茶宠，时间一长茶宠会被滋养得温润光泽，还散发着一股茶香。茶宠是茶文化中的一种独特存在，它们不仅是茶桌上的装饰，更是承载着人们美好愿望和寓意的吉祥物。

你了解哪些常见茶宠造型和它在传统茶文化中的寓意吗？

貔貅：龙之九子，只进不出，寓意趋财旺财。（图2-30）

金蟾：三只脚，金蟾是金钱的谐音，寓意旺财。（图2-31）

图2-30 貔貅茶宠　　　　　　　　　　　图2-31 金蟾茶宠

如意足：知足常乐。（图2-32）

金猪：是富足、祥瑞的象征，金猪献瑞。（图2-33）

葫芦：谐音福禄。（图2-34）

图2-32 如意足茶宠　　　图2-33 金猪茶宠　　　图2-34 葫芦茶宠

除了以上的例子，茶宠的造型繁多，与时俱进，被赋予更多的寓意，表达了主人的情志和爱好。让我们一起快快学习起来，动手做一个小葫芦茶宠吧！

观察思考：

观察葫芦的图片，请你归纳葫芦的特征。然后规划一下用陶泥制作葫芦茶宠的步骤可以分为哪几步？

图 1

图 2

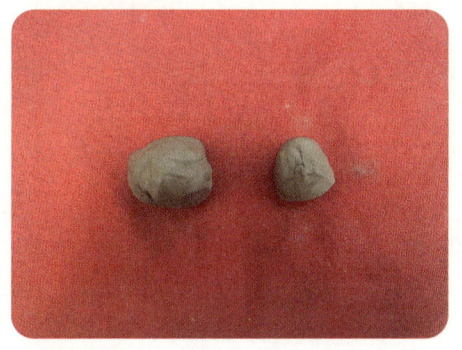

1. 取大小不等的两块泥。

2. 分别揉成球状。

3. 在粘接部位打毛并涂上水。　　4. 按压粘牢。

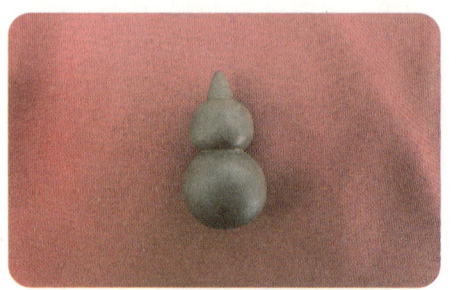

5. 添加一小节葫芦柄。　　6. 抛光。

1. 自然生长的葫芦（图1）的样子就一定是图片中的样子吗？所以我们在创作葫芦茶宠时可以打破思维定式。

2. 要想让你的葫芦茶宠（图2）与众不同，还有什么方法可以实现？

图 1 自然生长的葫芦　　　　图 2 葫芦茶宠

实践任务： 请你制作一个葫芦茶宠。

实践要求： 完成主体制作后可添加个性化创意。

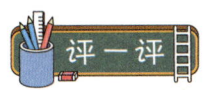

造型美观 20分	粘接牢固 20分	做工精美 15分	合作学习 15分	环境保护 15分	节约材料 15分	总分 100分

第二节 碗

学习目标：1. 了解茶碗有关传统文化知识。

2. 体验设计、制作茶碗。

学习准备：1. 工具：木刀、毛笔、水壶。

2. 材料：紫砂泥。

碗是我们生活中最熟悉不过的器物了，茶碗、饭碗、汤碗等。碗的大小、造型也是千变万化的。一个称心如意的碗不仅能给我们的生活带来方便，也平添了许多生活情趣。

今天让我们一起动手做一个纯手工小茶碗吧，它可是专属于你的独一无二的作品呀。

观察一下：下列图片中展示了哪几种常见碗形？

图 2-35 宋 油滴天目茶碗

图 2-36 明永乐 甜白茶钟

图 2-37 唐 绿釉刻花茶盏

绘制茶碗设计图：

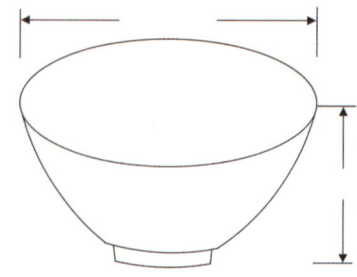

手工小茶碗制作步骤：

1. 取鸡蛋大小泥料。

2. 团成球状。

3. 开孔。

4. 出形要从碗底开始捏。

5. 直至捏至碗口。

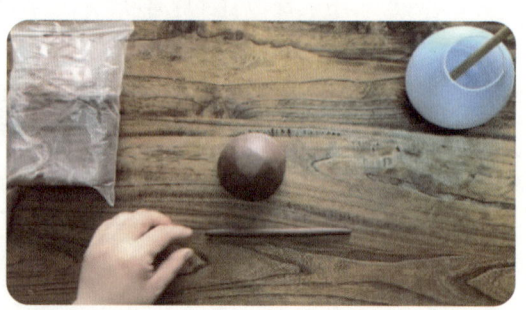

6. 搓一小段泥条。

7. 在碗底要粘接部位涂水。

8. 将泥条盘上并用指腹压实、粘牢。

9. 将泥环外三分之一抹下与碗身自
然衔接。

10. 将泥环内三分之一抹下与碗底自
然衔接。

11. 用手或工具修整小碗。

12. 成品碗。

做一做

请你设计并制作一只茶碗。

作品要求：

1. 尺寸：高约 6cm，碗口直径约 8cm。

2. 碗身厚度约 5mm，厚度均匀。

3. 造型美观、做工精致。

质量要求：

1. 草图绘制细致、工整。

2. 碗身厚薄均匀。

3. 碗身、碗足粘接牢固。

4. 做工细致。

我的草图绘制

在我们所做的茶碗基础上可以有哪些变化？快快创意你的个性化主人杯吧！

评一评

1. 评价方法：小组讨论，同学之间相互评价。

2. 填写综合评价得分表。

草图绘制 10分	厚薄均匀 20分	黏合牢固 20分	造型美观 20分	做工精良 10分	合作学习 10分	节约材料 10分	总分 100分

拓展创新

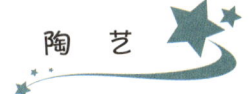

碗身的捏塑实际上是半球面（曲面）的捏塑方法。只要稍加改造就能变成其他的造型，你想想都可以变成什么造型呢？大胆尝试，相信这会带给你更多的惊喜！

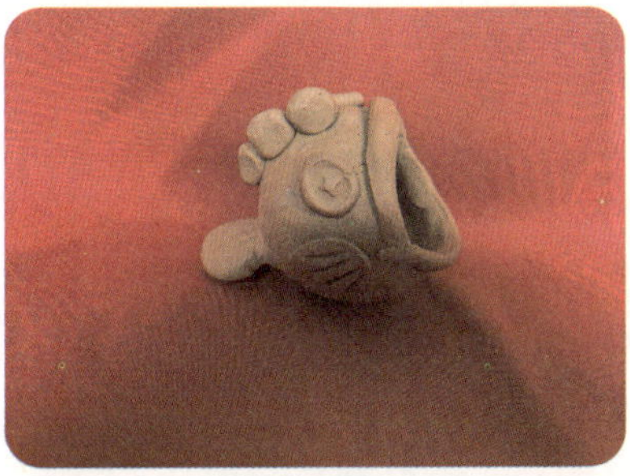
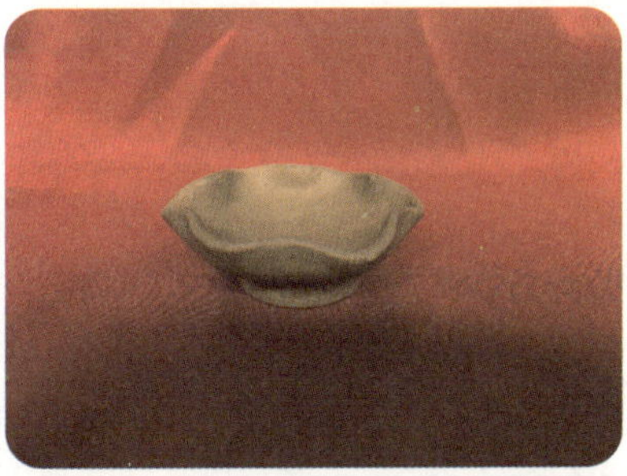
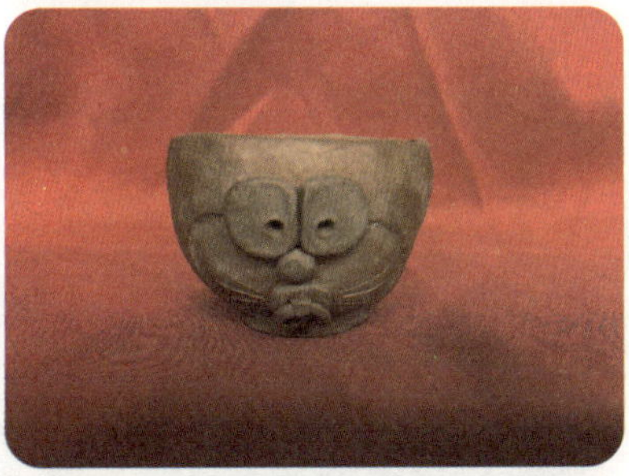
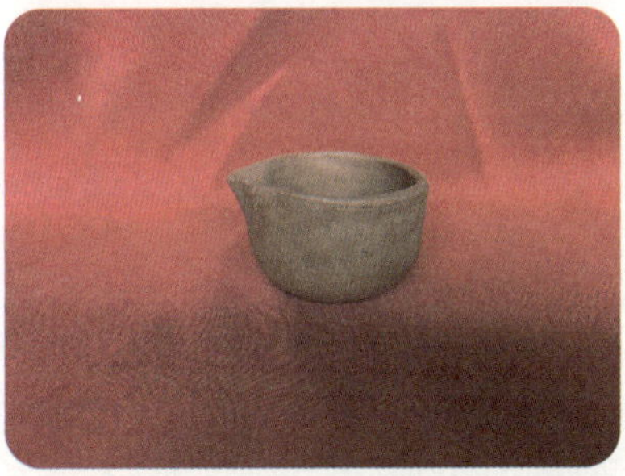
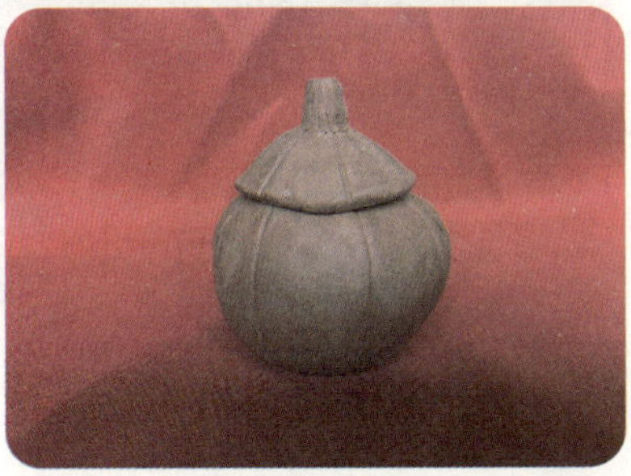
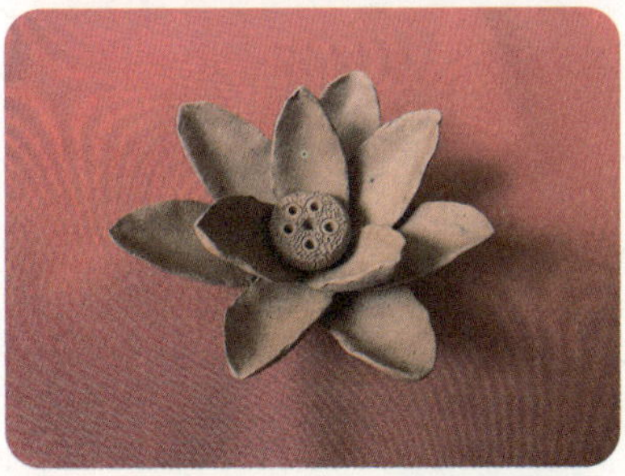
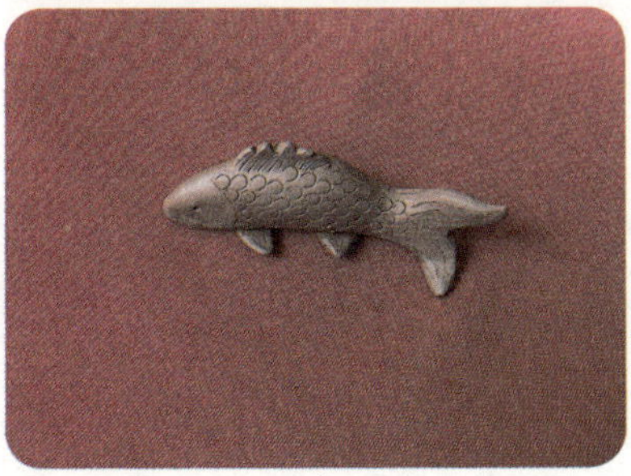
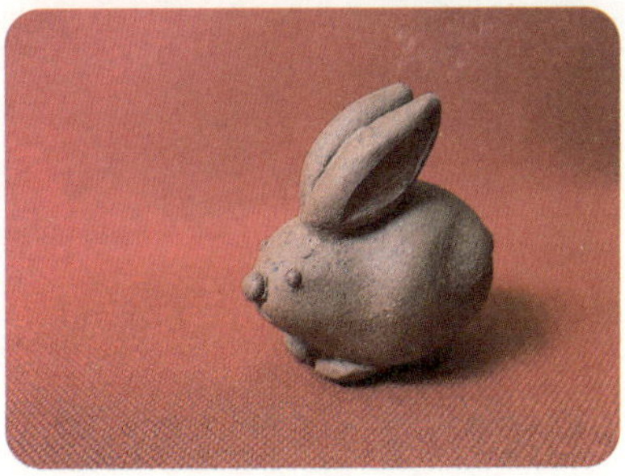

第三章　　**泥条盘筑法**

第一节　搓泥条

学习目标：1. 了解搓泥条的动作要领和质量要求。

　　　　　2. 能搓制合格的泥条。

学一学

　　参观博物馆中的陶瓷文物时，我们往往被它们优美的造型、漂亮的装饰图案所吸引。如果你仔细观察会发现，有些陶器外壁虽然是光滑平整的，但内壁却并不是那么平整，甚至还有条状的纹理。平时参观陶艺展览，我们也经常见到有些作品外壁直接保留着泥条盘筑手工制作的痕迹。（图2-38）

图2-38　陶器展品

　　泥条盘筑成型是一种古老的成型手段，早在新石器时代，我们的先人就已经采用泥条盘筑的方法制作陶器了。（图2-39）

　　徒手捏制的陶器大小有限，而用泥条盘筑的方法，既可以制作小型作品，又可以制作较大的作品。由于泥条可以被随意弯曲，因此泥条的表现空间和自由度较大，可以不受束缚地创造出各种艺术形态，能够充分发挥出创造者

的想象力和创造力，随心所欲地进行创意表达。制作时，将泥料搓成均匀的圆条，再根据所设计形体造型一层层向上叠加盘筑成型，也可以螺旋状盘旋成形。如果保留了泥条的自然肌理，会使人感到生动而富有变化。常用的盘筑手法主要有单环盘筑、花样盘筑、分割盘筑等。（图2-40）

图2-39 泥条盘筑

图2-40 泥条作品

采用头脑风暴法，同学们思考并讨论采用哪些方法我们能制作出泥条？想法越多越好。这些泥条的特点分别是怎样的？

项目：搓制泥条

1. 取乒乓球大小泥料，在手心里攥成条。

2. 两掌相对搓成粗泥条。

3. 放于桌面上单手搓,自然延伸。　　4. 双手同步搓。

5. 直到搓至目标规格。

质量要求:粗细均匀、软硬适中、无气泡杂质。

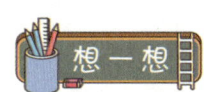

想一想

泥条的软硬如何检测?

将泥条两端拿起,泥条自然成"U"形,不断裂,就可以拿来盘筑作品了。

泥条的软硬检测

泥条搓制过程中，手温会使泥的水分蒸发，干燥的空气也会带走泥条中的水分。如果搓制时间过长，泥条就会变干，不易成型。可以用毛笔蘸取适量的水刷在泥条上，用以补充水分、软化泥条。

泥条最好边搓边用。若要先搓好几根再集中盘筑，可将泥条放于塑料袋内或用湿毛巾覆盖保湿。

请你搓一根合格的泥条，并检测质量。

第二节　单环盘筑

学习目标：1. 了解单环盘筑的步骤。

2. 能用单环盘筑制作简单的作品。

你现在已经学会搓制泥条了，那么如何运用泥条来制作作品呢？比如我们要做一个如图 2-41 所示的器皿，该如何操做呢？

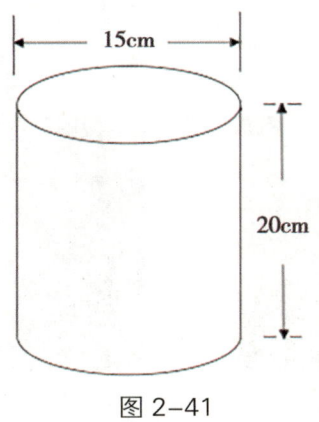

图 2-41

制作步骤：

1. 取鸡蛋大小泥料，捏塑成厚约 5mm 的泥片。

2. 在需要粘接的部位涂水或泥浆。

3. 将泥条盘在涂过泥浆的部位。

4. 用指腹向下按压泥条，使之粘牢。

5. 重复 2、3、4 的操作，直至泥条用完。

6. 将泥条尾端向下抹成 45°坡面。

7. 将新泥条头部向上抹成 45°坡面。

8. 两个坡面对粘。

9. 盘到合适的高度收尾完成。

完成了这个项目的训练，是不是迫不及待地想自己动手尝试一下呢？请同学们用泥条盘筑法制作一个属于自己的笔筒。

要求：

1. 尺寸：高 20cm，口直径 15cm。

2. 造型美观。

3. 黏接牢固。

4. 做工精致。

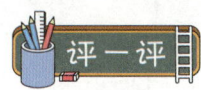

1. 评价方法：小组讨论，同学之间相互评价。

2. 填写综合评价得分表。

草图绘制 10分	粗细均匀 20分	粘接牢固 20分	造型美观 20分	做工精美 10分	合作学习 10分	节约材料 10分	总分 100分

思考与讨究

1. 为什么说生活中各种物体的形状是我们创作的源泉？你平时仔细观察过吗？

2. 试一试，用泥条盘筑的方法，构思、设计、制作一件造型优美的作品。

第三节　花样盘筑

柔软的泥条在盘曲卷合间总会呈现出不一样的韵味。花样盘筑给了你我用泥条绘制图样的机会，那就让我们大展拳脚，尽情挥洒吧。

制作步骤：

1. 从泥条的一端卷起盘成单螺旋纹样。

2. 卷至需要的大小后掐断并抹平尾端。

3. 准备好所有单螺旋纹样和泥球。

4. 在要粘接的位置涂水或泥浆。

5. 将花样拼摆上去并向下按压使之粘牢。

6. 直至粘好所有花样。

7. 在要粘接的部位涂水或泥浆。

8. 将泥条盘上去，并按压粘牢。

9. 根据个人喜好设计不同纹样，粘接完成。

第四节　分割盘筑

　　一般的泥条盘筑作品都是一个底一个口，分割盘筑的作品是一个底多个开口。开口的大小和方向可依据创作者的喜好自由设计安排。

制作步骤：

1. 取鸡蛋大小泥料，捏塑成厚约 5mm 的泥片。

2. 用单环盘筑法盘到目标高度。

3. 改变泥条盘筑的轨迹和方向。

4. 将作品开口分成几个部分，分别盘筑。

 小窍门

分割盘筑作品的过程中，有时是作品盘到一定高度才开始分割，泥条难于支撑，可以用旧报纸团一下，塞在作品底部用以支撑，待作品稍干能支撑时再取出。

作品欣赏 ---

第四章　　泥板成型法

第一节　制泥板

将陶泥碾成、拍成或切割成板状，来围合接粘制作器物的方法，叫做泥板成型法。这种方法变化多样，在陶艺制作中被广泛运用。传统的紫砂器就是用泥板成型来制作的。

泥板成型在器物的造型上可随陶土的湿度自由变化。比较湿软的泥板可以像布一样扭曲、卷和，随意造型；稍干的泥板可以接粘成比较挺直的器物，有人形象地称之为"粘土木工"。

泥板的厚度与作品大小成正比：稍大的作品厚，稍小的作品薄。但应注意同一件作品的泥板厚度要均匀一致。

制作泥板：

一、擀压法

最常用的方法就是"米字形"擀制法（图2-42）。沿箭头方向进行擀制，擀制的时候要多掀动泥片，正反面双面擀制，保证泥板两面都平整美观。

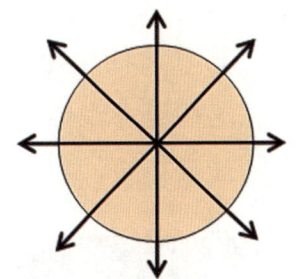

图2-42 "米字形"擀制法

二、拍打法

先将泥料放在布或木板上，用木搭子从泥的中间向四周拍打，然后将泥小心翻转过来。再用木搭子的正面向斜下方用力，均匀有序拍打至所需厚度。

也可以用手掌根部进行拍打。（图2-43）

拍打法制作的泥板较密实，制作手工茶壶多选此法。但是对操作者的要求较高，初学者需长时间练习才能灵活掌握。加上操作时噪音大，课堂教学一般不采用。

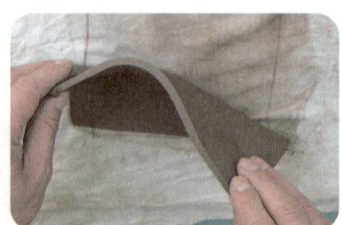

图2-43　拍打法制作泥板示意

三、切割法

切割所用的工具不是大家一般理解的刀。因为泥具有一定的黏性，用面积较大的刀来切割会粘连，不易操作。所以，泥板切割所用工具是铁丝或用铁丝制作的弓。这个方法有点像家里用棉线切割松花蛋。

切割法制作泥板的难度也较大，还容易割伤，初学者一般不提倡使用。

试一试

我们日常最方便的方法就是"米字形"擀制法，现在赶紧尝试一下吧。在擀制时请你思考泥板应该满足哪些质量要求？请你用简洁的词语概括出来。这些要求跟你的哪些操作有关？

质量要求：表面平整、厚薄均匀、无气泡杂质。

拓展探究

生活中随处可见的各式布料不仅可以铺在台面上防止泥板被黏附，它本身的纹理还可以成为很有特色的装饰呢。还有很多表面有花纹的东西可以用来压印肌理效果，找找看，试一试。

第二节　陶板鱼

右图是一个甲骨文。众所周知，甲骨文是一种想象文字。通过观察，你看这是哪个字？

这个字高度概括了鱼的基本特征：头、尾、身、鳍。

下面我们一起来做一条陶板鱼吧。

制作步骤：

1. 设计鱼的形状。

2. 擀制泥板。

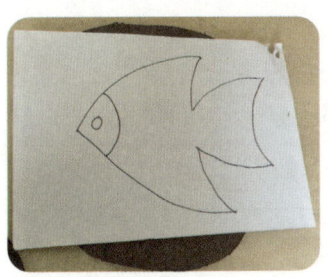

3. 覆盖画稿。

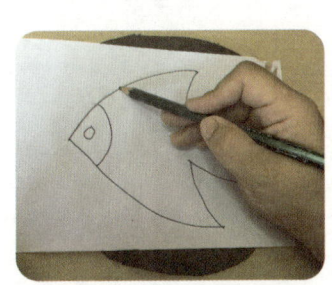

4. 把鱼的轮廓转印到泥板上。

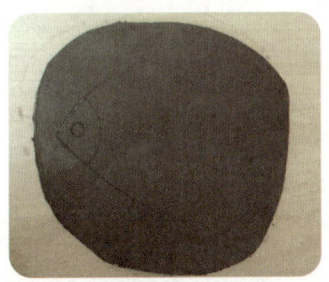

5. 撤掉画稿。

6. 沿着轮廓裁割。

7. 去除多余的陶泥。

8. 刻画鱼眼和鱼鳃。

9. 压印鱼鳞。

10. 修整完成。

 评一评

粘接牢固 20分	造型美观 20分	做工精美 10分	合作学习 10分	节约材料 10分	环境保持 10分	总分 100分

作 品 欣 赏 --

第三节　陶板画

同学们，在学习了陶板鱼制作的基础上，我们进一步研究一下更复杂精密的陶板画的做法吧。请一起制作这幅陶板画作品《荷花》。

制作步骤：

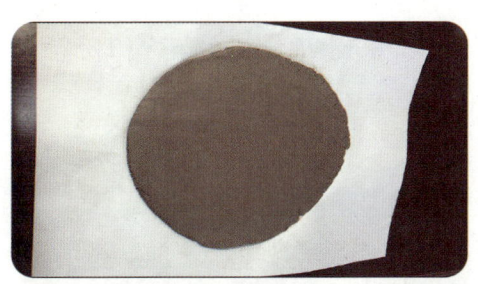

1. 擀制厚度 5mm 泥板。

2. 用工具抛光平面。

3. 覆盖画稿。

4. 转印画稿。

5. 撤掉画稿。

6. 用工具刻画线条，约 1 ～ 2mm。

7. 裁割边缘。

第四节　围合法

　　运用泥板成型法制作的立体作品大致可以分成两类：围合法和接粘法。本节运用泥板围合来制作。

制作步骤：

1. 擀制泥板。

2. 选取、固定规车刻度。

3. 一手固定圆心位置。

4. 另一手转动手轮一周。

5. 裁出圆形泥片做底。

6. 涂泥浆，取小块泥补齐圆心。

7. 用削泥刀抹平。

8. 擀制泥板。

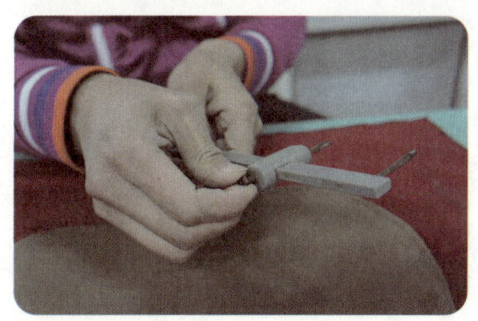

9. 选取、固定矩车刻度。

10. 用力压住俩金属片。

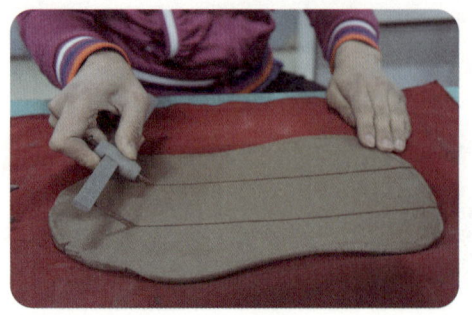

11. 从泥板一边划向另一边。

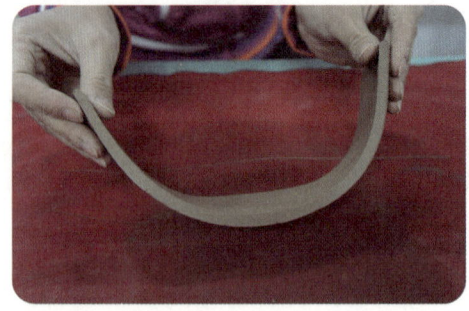

12. 得到条形泥板。

13. 围合泥板。

14. 在重合处涂泥浆黏合。

15. 在底部涂抹泥浆。

16. 将底与筒黏合。

17. 用泥片等装饰。

18. 用工具压印装饰。

19.用削泥刀压出放烟凹槽。

20.修整完成。

第五节　接粘法

艺术的美引导我们积极乐观地生活，保持那颗热爱自然的心。大自然的一草一木不仅美化了我们的环境，也陶冶了我们的情操。来一起制作一个花插吧，撷取自然的一瞥，停驻我们的书桌。

本节课我们将运用泥板成型的另一种方法——泥板接粘。泥板接粘类作品多是棱角分明的几何体，用以表现凌厉、冷峻、坚强、严肃、严谨等主题。

制作步骤：

1.擀制泥板。

2.裁切泥板。

3.准备好需要接粘的泥板。

4.将泥板的粘接边斜切去大约45°的泥。

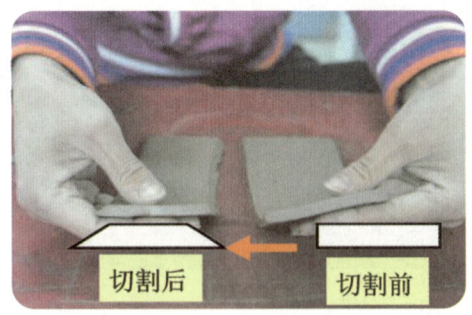

5. 切割完成。

6. 在粘接边涂抹泥浆。

7. 将两条粘接边对齐。

8. 用手轻压。

9. 粘接另一边。

10. 将两边向中间靠拢。

11. 用手挤压粘牢。

12. 用手和削泥刀修整。

13. 擀制泥板做底。

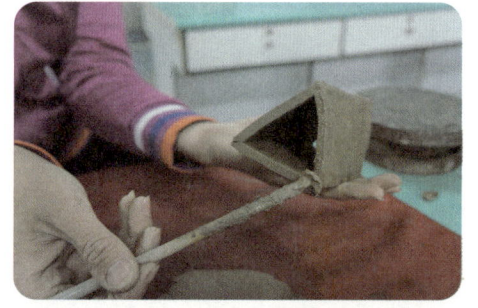

14. 在坯体底部涂抹泥浆。

15. 将坯体和底部黏合。

16. 根据需要裁切。

17. 用削泥刀修整。

18. 趁坯体湿软扭转变化。

19. 粘贴装饰。

20. 用削泥刀刻画。

21. 装饰完成。

作品欣赏 --

釉上彩绘画

第一章　走近釉上彩绘画

第一节　认识釉上彩

学习目标: 1. 了解什么是陶艺装饰。

2. 了解什么是釉上彩。

学习准备: 查阅资料，了解釉上彩的相关知识。

　　陶艺装饰是陶瓷艺术中的重要组成部分，意在陶瓷表面或坯体上进行艺术加工。在陶瓷装饰漫长的发展过程中，我国已形成了一整套举世著称的陶瓷装饰技法。有的是在坯体烧成前进行装饰（釉下彩装饰），有的在烧成过程中完成装饰（釉中彩装饰），也有的则在烧成后的白胎上进行装饰（釉上彩装饰）。

　　中国的陶瓷釉上彩绘装饰艺术有着悠久而辉煌的历史，它品种繁多，异彩纷呈。所谓釉上彩，就是先烧成白釉瓷器，在白釉上进行彩绘后，再入窑经 $600 \sim 900\,℃$ 温度烘烤而成。根据装饰技法或风格，釉上彩装饰大致可分为古彩装饰、粉彩装饰与釉上彩装饰三大类。釉上彩是中国陶瓷艺术中一种新的釉上彩绘艺术，它最早是由国外传入中国的，

图 3-1 釉上彩作品一

让我们一起来看看它是如何发展成为我国陶瓷领域的一朵奇葩的！

釉上彩装饰是在已经烧制成的白胎陶和瓷上用特制的低温成色金属氧化物作色料，描绘各种图案，再经 600 ～ 900℃温度烧制而成。

釉上彩装饰方式很多，就"釉上彩装饰"而言，它是一种普遍采用，便于操作的装饰形式，可达到国画、水彩画、油画等艺术效果，深受陶瓷爱好者青睐。

图 3-2 釉上彩作品二

拓 展 一 下

陶瓷作为我们中国传统文化的象征，自汉代出现以来便在人们的生活中发挥着重要作用。最初的陶瓷器物是以生活必需的定位出现在人们的生活当中，此时的陶瓷器的装饰多单一、朴素，无太多外形设计值得考究。但随着社会的进步，人们生活水平的提高，人们对于陶瓷的追求不再限于实用价值，已经开始追求其审美价值。

第二节　釉上彩装饰的发生和发展

学习目标： 1. 了解釉上彩产生的原因。

2. 了解釉上彩的发展过程。

学习准备： 查阅资料，了解釉上彩的相关知识。

学 一 学

中国的陶瓷釉上彩绘装饰艺术有着悠久而辉煌的历史。釉上装饰可分为古彩装饰、粉彩装饰与釉上彩装饰三大类。古彩与粉彩装饰方法是由中国古代陶瓷技工自己创造的，而釉上彩装饰方法是由国外传入中国的。在釉上彩

图3-3 釉上彩作品一

图3-4 釉上彩作品二

技法传入中国以前，釉上装饰主要有古彩与粉彩两个种类。

由于这种彩绘原料和装饰手法均来自"西洋"，所以当时人们把用这种材料彩绘出来的产品及相关画面称之为"洋彩"。

有资料表明"洋彩"在清末就已经传入中国了。当时画"洋彩"所用的笔与油画笔一样是扁笔，当时有人称之为"扁笔抹花"或"一笔画"。

"洋彩"引进以后，聪明而勤劳的陶瓷艺人们并没有一成不变地照样仿制。他们在不断地探索中发挥着自己的创造力，不仅充分发挥"洋彩"的优点，而且结合中国绘画的民族特色，赋予了它一种全新的艺术生命力，形成了全新的陶瓷装饰形式。他们还把西方画法"明暗法"与中国传统陶瓷彩绘技法结合起来，使得画面的变化更加丰富、逼真。此后，陶瓷艺人逐渐吸收运用，不断地总结提高，形成了一种有别于"西洋画"和传统釉上古彩、粉彩彩绘的陶瓷装饰种类——釉上彩。

图3-5 釉上彩作品三

图3-6 釉上彩作品四

有一首诗曾这样赞颂釉上彩：色如彩虹映玉璧，宜工宜写堪称奇；敢同洋瓷决上下，迩来中华誉第一。能谈谈你对这首诗的理解吗？它都赞颂了些什么？

第三节　釉上彩装饰的种类

学习目标: 1. 了解釉上彩产生的原因。

　　　　　2. 了解釉上彩的发展过程。

学习准备: 查阅资料，了解釉上彩相关知识。

釉上彩是在传统的低温色釉的基础上发展起来的。烧成温度低，采用许多种颜料，故色彩较为丰富。

釉上彩是在强度较高的素胎上进行彩绘，操作方便。除手绘外，还可以采用贴花、喷花等多重装饰方法。

一、釉上彩品种

明清两代是釉上彩瓷发展的黄金时代，有素三彩、五彩、斗彩、粉彩、珐琅彩等品种。

1. 素三彩

首创于明代正德年间，嘉靖、万历时有较大的发展。它一般是由黄、绿、紫、白、蓝等色构成，只要没有艳丽的红色，就可以称为素三彩。（图 3-7）

图 3-7 素三彩

图 3-8 五彩

2. 五彩

所谓五彩，并非五种颜色，而是多种颜色的含意。多为勾画图案的轮廓线后再填以彩料。五彩是由黄、红、绿、紫、蓝等颜色所组成。（图3-8）

图 3-9 斗彩

3. 斗彩

是用釉下青花勾绘图案轮廓，然后在釉上用红、黄、绿、紫等各种彩色在轮廓线内填绘，使釉下青花与釉上彩结合在一起，互相争奇斗艳，故称斗彩。（图3-9）

图 3-10 粉彩

4. 粉彩

彩料中加有铅粉成分，故称之为粉彩。粉彩可分：青花粉彩、祭红釉地粉彩、天兰釉地粉彩、豆青釉地粉彩、珊珊釉地粉彩、抹红彩地粉彩、绿釉地粉彩、窑变釉地粉彩等。（图3-10）

图 3-11 珐琅彩

5. 珐琅彩

清朝彩瓷中比较特殊的一种，因为珐琅彩的色料中含有玻璃质较多的缘故，因而有人称珐琅彩为料彩或洋彩。（图3-11）

6. 新彩

新彩装饰是用低温新彩色料在成瓷白胎上作画，然后在窑中经700～800℃烧制而成。从陶瓷工艺上讲低温色料稳定，因此陶瓷釉上彩色彩丰富。陶瓷新彩装饰主要使用的形式和方法是手绘，即用毛笔和新彩颜料直接在白色的瓷胎上绘画，既可画山水，亦可画人物、花鸟，表现的题材非常广泛。（图 3-12、图 3-13）

图 3-12 新彩风景

图 3-13 新彩人物

二、釉上新彩 工艺特色

1. 颜料配置科学，发色稳定。

2. 颜料的品种多，色泽附着力强。

3. 彩绘技法多样，艺术变现力强。

4. 先进工艺技术用于生产。

想一想

1. 你的彩绘瓷盘想设计成什么样式？

2. 收集一些实用的纹样图案，以便参考制作。

第二章　工具和颜料

第一节　釉上彩绘画工具

学习目标：1. 了解釉上彩绘画主要的工具。

2. 了解主要工具的使用方法。

学习准备：准备釉上彩绘画的相关工具。

1. 毛笔

根据所画内容的区别，选择合适的绘画用笔。传统釉上彩在瓷面上绘画多选择毛笔，常用的有鼠须、小叶筋、白云等。（图3-14、图3-15）

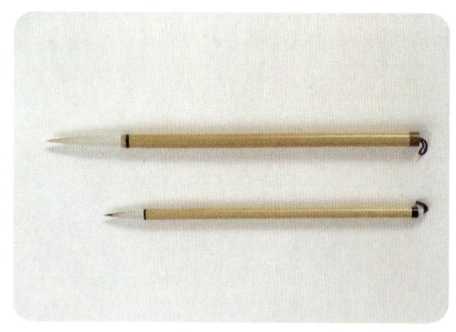

图3-14　毛笔

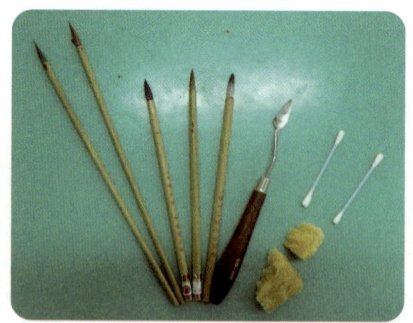

图3-15　绘画用笔

2. 瓷件

釉上彩绘画的载体有很多，可以在瓷板、瓷瓶、瓷盘等很多瓷面上完成。作为初学者以使用瓷盘为宜。（图3-16、图3-17）

图 3-16 茶具瓷件

图 3-17 各式瓷件

3. 调色盘

釉上彩颜料在使用前需要与媒介剂调和，所以调制颜料的小盘是必不可少的。考虑到使用的方便，多用美术类调色盘。（图 3-18）

图 3-18 调色盘

4. 涮笔桶

将毛笔上不用的颜色在涮笔桶内涮洗干净。（图 3-19）

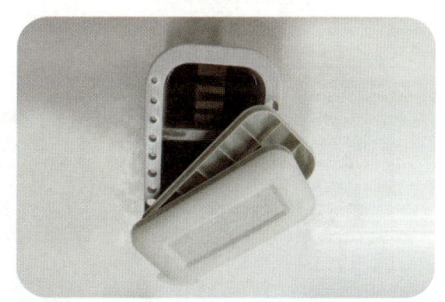

图 3-19 涮笔桶

拓 展 一 下

其他工具

还有很多工具可以在釉上彩绘画的时候使用，如铅笔、复写纸、海绵、牙签、棉棒、刮刀等。有些特殊的工具还可以自己制作，做一名生活中的有心人。

第二节　釉上彩绘画颜料

学习目标：1. 了解釉上彩绘画常用的颜料。

　　　　　　2. 了解颜料的使用方法。

学习准备：准备好釉上彩绘画所使用的颜料。

釉上彩颜料

釉上彩颜料品种较多，颜色种类丰富，课堂所用颜料保存在颜料盒中，用刮刀选取颜料到调色盒中调制后使用；在颜料盒内选取颜料时，注意不要混色，并及时盖好颜料盒盖防止撒漏，合理使用，不要浪费！

注意：不要混颜色。

图 3-20　各色颜料

釉上彩颜料有红、黄、蓝、白、黑、褐、赭、紫翠等，各种颜色具备，还可以任意调配。

注意：切记红色和黄色不能混合。

釉上彩颜料主要由色基和溶剂两部分组成。色基由各种有色金属的氧化物组成，是颜料的发色成分；溶剂主要是硅酸铅和硼酸铅，烧成时溶剂温度较低可以帮助颜料发色，同时使颜料烧成后更有光泽。

釉上彩颜料主要又分成基本色和复合色两大类。基本色即釉上彩原色，复合色是用釉上彩原色混合调配而成的。基本色有以下几类：

（1）红色类：西赤、桃红、宝石红、小豆茶。

（2）黄色类：薄黄、浓黄、红黄。

（3）蓝色类：深蓝、海碧。

（4）绿色类：草青、川色、橄榄绿。

（5）黑色类：艳黑、特黑

（6）白色类：丝网白。

（7）茶色类：代赭（赭石）。

（8）复合色有以下几类：

（9）麻色：西赤＋艳黑。

（10）深绿：橄榄绿＋草青＋艳黑。深紫：玛瑙红＋海碧。

（11）蓝灰：海碧＋艳黑。

作品欣赏

第三节　颜料的调制

学习目标: 1. 了解颜料的调制方法。

2. 了解釉上彩颜料调制过程。

学习准备: 准备相关的绘画工具和材料。

根据调配的方法以及使用的需要，釉上彩颜料有油料和水料两种。

油料是指用釉上彩专用油类与釉上彩颜料干粉按一定的比例调配出的颜料。釉上彩颜料出售时一般都是干粉状，为使颜色更细，要用搓刀在玻璃板上反复搓压，便于彩绘。所使用的油类有樟脑油、乳香油等。

图3-21　油料和水料

调制步骤:

（1）将粉状颜色放在玻璃板上，用搓刀反复搓压。

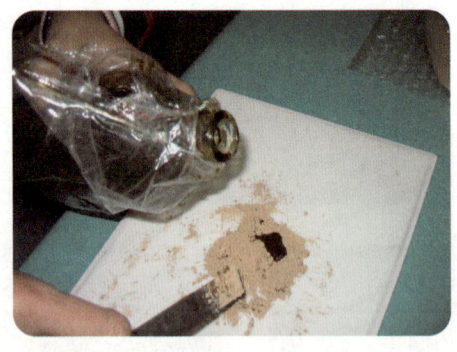

（2）将干粉搓压成细细的粉末后，放入老油，再反复搓压，使它成为糨糊状，然后把搓好的颜料刮起来，装入调色盘。这样，绘画时就可以使用了。

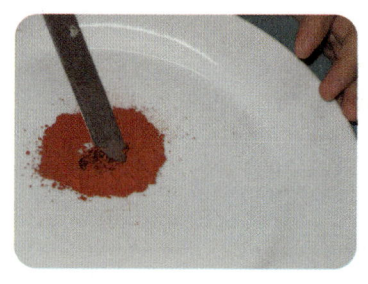  

实践任务：尝试调制釉上彩颜料。

实践要求：节约颜料，保持卫生整洁。

拓 展 一 下

　　水料是指用清水与釉上彩颜料干粉调配出的颜料。为了在覆盖其他颜色时不易被擦坏并且在烧成前不易被蹭掉，一般在调配时要加入适量的桃胶，所以常被称做"胶水料"。胶水料可以用一种颜色调制，也可以用多种颜色（一般以某一种颜色为主）混合调配而成。

第三章 釉上彩装饰的基础练习

第一节 釉上彩绘步骤

学习目标: 1.了解釉上彩绘画的基本步骤。

2.了解釉上彩设色过程。

学习准备: 铅笔、勾线笔、A4纸、白磁盘、釉上彩颜料等。

1. 瓷面创意

图 3-22 瓷面创意一　　　图 3-23 瓷面创意二

2. 草图设计

图 3-24 草图设计一　　　图 3-25 草图设计二　　　图 3-26 草图设计三

3. 打图上稿

图 3-27 打图上稿

4. 勾线白描

图 3-28 勾线白描

5. 装饰贴色

图 3-29 装饰贴色

6. 修补落款

图 3-30 修补落款

实践任务：设计一幅自己喜欢的画稿。

实践要求：画稿尺寸要符合盘子的尺寸和形状。

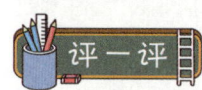

项目与技术要求	满分	得分
构图合理	40	
画面美观	40	
合作学习	20	
	总得分	

第二节　白描练习

学习目标: 1.掌握毛笔的使用方法。

2.初步学会使用毛笔勾勒合格的线条。

学习准备: 毛笔、铅笔、画稿、熟宣纸等。

图 3-31　白描作品一

1.白描

也称双勾,用线来表现绘制内容的形体、结构、质感和立体感的绘画形式。形成中国画"以线造形"的审美和特色。

用铅笔临摹线描图稿,再用毛笔勾线。体会绘画的用线特点,感受白描绘画用墨用笔的特点。(图3-31、图3-32、图3-33)

图 3-32　白描作品二

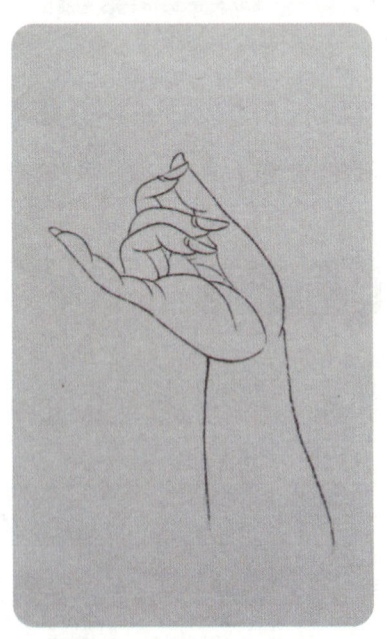

图 3-33　白描作品三

2. 绘画步骤

第一步：

观察画稿，了解衣纹及五官线的趋势，用铅笔把透在宣纸上的印稿描摹出线稿。注意线条简练，完整。为用毛笔勾线做好准备。（图3-34）

第二步：

学习和感受毛笔的使用，调整笔墨，按照线稿上的白描图稿进行描摹勾线，最后用橡皮擦去铅笔线，完成白描稿。（图3-35）

图3-34 描摹线稿

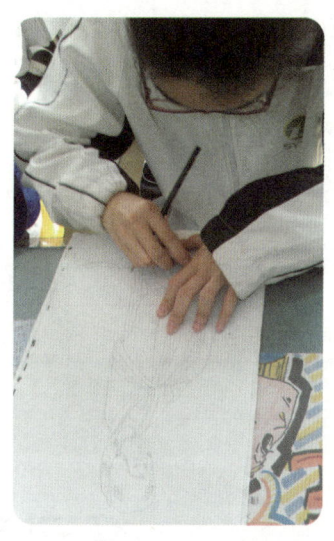

图3-35 描摹勾线

实践任务： 设计并绘制一幅白描画稿。

实践要求：

（1）中锋用笔

勾线时要端坐，拿笔要指实掌虚，拿住笔不可转动，笔尖垂直于纸面。中锋画出的线圆而有力，倘若笔杆倾斜就会出现侧锋，粗细不均，线条扁而不圆。

（2）枕腕用笔

执笔的手腕枕靠在桌面上或枕靠在另一只手背上绘画的方法。用枕腕法勾线或书写毛笔字平稳有力，常用于画面细节的处理。（图3-36）

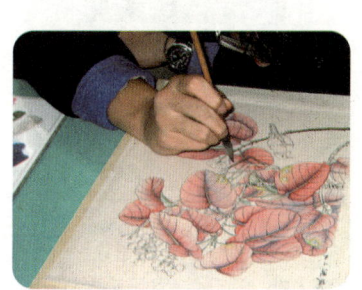

图3-36 枕腕法勾线

图 3-37 勾画线条

（3）心平气和

勾画线条的行笔过程中要做到心平气和。特别是在画长线条上呼吸很重要，需一气呵成。（图 3-37）

评一评

项目与技术要求	满分	得分
笔法熟练	40	
线条流畅	40	
画面整洁	20	
	总得分	

第三节　釉上彩的设色

学习目标： 1. 学会正确调色方法。

2. 掌握釉上彩上色的方法。

学习准备： 白磁盘、色料、勾线笔。

学一学

图 3-38 梅花

1. 釉上彩经久不衰的传统纹样——梅花

梅花，梅树的花，是蔷薇科李属植物，寒冬开放，花瓣五片，有白、红、粉红等多种颜色。叶片广卵形至卵形，是有名的观赏植物。（图 3-38）

2. 水点梅花在瓷盘中的构图设计

通过观察，分析图案的绘画步骤。图案虽然简单，但仍需要设计步骤的先后。花朵遮挡枝干的样式，需要先画花头，点画花蕾，后画花枝，最后处理花心。（图3-39）

图 3-39 构图设计

3. 绘画步骤

第一步：点画花瓣（图3-40）

自主探究，体会蘸料的多少、调制比例与画面效果的关系。

注意花瓣大小，以及花瓣之间的联系。点画圆虽然简单，但却是对色料调制和把握用笔、用料的一个尝试，为以后的作品创作打下基础。

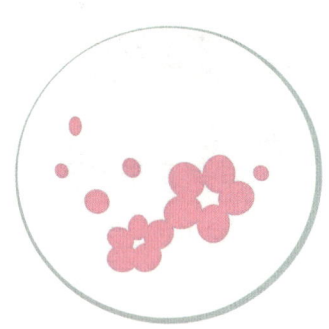

图 3-40 点画花瓣

第二步：勾画花枝（图3-41）　　　第三步：修整完善（图3-42）

图 3-41 勾画花枝

图 3-42 修整完善

实践任务：在瓷盘上进行梅花的设色练习。

实践要求：调色比例准确，设色方法得当。

在绘制过程中，怎样避免混色？

"陶"趣横生

1. 水点技法中毛笔需蘸足颜色，所绘花瓣才饱满完整。

2. 枝干需要挺拔，注意枝干由粗到细，有左有右，穿插于花头之间，画出梅花自然生长的形态。

3. 待颜色晾干后，方可刮划修整。

项目与技术要求	满分	得分
调色比例准确	40	
设色方法得当	40	
画面整洁	20	
	总得分	

作品欣赏

第四章 设计创作作品

第一节 底稿设计

学习目标：1. 了解常用的设计主题。

2. 了解不同主题的画面特点。

学习准备：铅笔、A4 纸、白瓷盘。

根据所要装饰的瓷件器皿造型特点，如瓷瓶、碗、碟、盘等，设计不同的平面草图。我们以设计圆形瓷盘为例，了解瓷面图稿设计。

设计主题：卡通动漫

根据瓷盘圆形平面的特点，以及瓷盘装饰的用途，确定绘画的内容与设计的方向。根据同学的喜好可大体分为卡通动漫、花草风景、水墨国画、传统纹样、抽象肌理等方面。

图 3-43 花草风景

图 3-44 传统纹样

图 3-45 国画水墨

图 3-46 抽象肌理

实践任务：确定一个主题，尝试设计一份画稿。

实践要求：主题鲜明，符合设计要求。

项目与技术要求	满分	得分
主题鲜明	40	
构图美观	40	
团结合作	20	
	总得分	

作品欣赏 --

吉祥如意的釉上彩

　　传统釉上彩不论形式还是内容都具有典型的中国艺术特色，或富贵华丽，或简约质朴。传统的釉上彩瓷表现的主题大多取材于那些寓意吉祥安康的动、植物，或典故传说。如清雍正年间的蝠桃纹"福寿"橄榄瓶，瓶身以粉彩形式绘有桃枝一枝，设色淡雅柔美，寓意多福多寿，可谓传统粉彩的典范。

第二节　设计构图

学习目标： 1. 了解圆形构图的特点。

　　　　　　2. 了解瓷面上的构图方式。

学习准备： 白瓷盘、水性笔等。

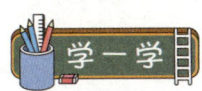

　　我们以装饰圆形瓷盘为例，了解瓷面的设计构图。

1. 设计构图

　　选择好纹样草图后，根据圆形盘面的特点设计纹样的比例和位置。圆形构图在视觉上给人以旋转、运动和收缩的审美感受。

2. 注意：保持瓷盘内主体装饰物的比例和完整性。

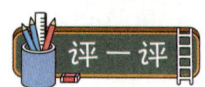

项目与技术要求	满分	得分
画面完整	40	
构图合理	40	
团结合作	20	
	总得分	

瓷器上的传统构图方式

（1）通景装饰：在器型上可以自由穿插转成一圈，如同中国画的长卷形式。

（2）开光装饰：在器物上用各种几何或象形形状圈出一块范围，使其装饰部位比其他部位更为突出醒目。

（3）满地装饰：各种"地色"的万花装饰，花朵大小穿插、布满瓷器全身的传统装饰样式。

（4）散点装饰：在一些异形器皿上，不受限制地随意点缀各个部位，虽无一定的格式，却散而不乱有一定的规律。

第三节　釉上彩装饰制作过程

学习目标： 1. 了解釉上彩装饰的过程。

　　　　　　2. 掌握釉上彩装饰的方法。

学习准备： 白瓷盘、釉上彩颜料、毛笔、调色盒、水桶。

1. 描稿

把设计好的图稿完整地描绘在盘子上，注意位置准确，线条清晰。（图3-47）

2. 填色

按设计要求在色块中填入染色。填色应由里到外，由浅到深，由整体到细节地逐步完成。（图3-48）

图3-47

图3-48

3. 勾线

勾画造型轮廓，要求线条匀整、清晰，突出细节，本环节是绘画过程中至关重要的一步。（图3-49）

图3-49

4. 完成

在完成所有绘画内容后，将空白处残留的颜色清理干净，使画面完整美观。（图3-50）

图3-50

实践任务： 尝试完成一件釉上彩作品的创作。

实践要求： 节约使用颜料，注意保持环境卫生。

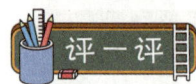

项目与技术要求	满分	得分
画面丰富	40	
构图美观	30	
细节完整	30	
	总得分	

结　语

随着我们翻完这套劳动教育丛书的最后一页，我们不禁要感慨：劳动，不仅是人类生存的基础技能，更是塑造个体、促进全面发展的不可替代的教育方式。这套丛书就像一把钥匙，为我们打开了一扇通向更广阔世界的大门，让我们在劳动的海洋中遨游，体验成长与收获的喜悦。

丛书中的每一个章节，都像是一个个生动的课堂，引导我们走进劳动的世界，感受劳动的韵律和节奏。我们通过亲手实践，不仅学会了各种劳动技能，更在劳动中发现了自己的潜能和价值，体会到了劳动带来的成就感和自豪感。

劳动教育，不仅让我们掌握了实用的生活技能，更培养了我们的责任感、团队合作精神和创新思维能力。这套丛书就像是一盏明灯，照亮了我们前行的道路，让我们在劳动的道路上不断前行，不断探索，不断成长。

回顾这套丛书的学习过程，我们仿佛经历了一场奇妙的旅行。在这场旅行中，我们不仅收获了知识和技能，更收获了成长和自信。我们相信，在未来的日子里，无论我们走向何方，无论我们遇到什么样的挑战和困难，这套丛书给予我们的宝贵经验和智慧都将是我们最坚实的后盾。

让我们怀着感恩的心，感谢这套劳动教育丛书带给我们的无尽宝藏。让我们以更加饱满的热情和坚定的信念，投身到劳动的海洋中，用我们的双手和智慧去创造属于我们的美好未来！